© 2017, Capucine Andelay
Éditeur : BoD-Books on Demand, 12/14 rond point des Champs Élysées, 75008 Paris, France
Impression : BoD-Books on Demand, Norderstedt, Allemagne

ISBN : 978-2-322-15764-8

Dépôt légal : août 2017

Capucine ANDELAY

LE PARADOXE DU BÉBÉ KANGOUROU

Péripéties en Australie

À mon grand-père, infatigable et fabuleux conteur à sa façon, à qui ce voyage a mis des étoiles dans les yeux, avant qu'ils ne se ferment.

AVANT PROPOS

Les récits de voyage décrivant un bonheur sans nuage ou l'émerveillement de la découverte m'ont toujours semblé parfaitement barbants, et souvent loin de toute réalité.

On sait tous qu'il y a des hauts et des bas, même si on essaye savamment de le cacher à ses amis pour préserver le mythe. Erreur fatale ! Car les petits accidents de parcours, les ratés de voyage, les rencontres improbables ou même les situations les plus banales recèlent de trésors comiques insoupçonnés. Vous imaginez qu'en un an d'aventure dans des contrées si lointaines, les occasions de les déterrer n'ont pas manqué. Ce n'est donc pas un récit de voyage tout à fait comme les autres. Il ne vise ni le réalisme, ni l'exhaustivité, ni le spectaculaire : il célèbre la légèreté.

LE GRAND DÉPART
PARIS – RÉUNION

25 octobre - 29 novembre

PAPA, MAMAN, LES SOEURS, JE PARS EN AUSTRALIE !

Normandie, le 25 octobre

Dans ma famille, on n'est pas de grands voyageurs. Mes sœurs habitent toutes dans un rayon de 60 km autour de chez mes parents. Installée à Paris, je suis celle qui s'est la plus éloignée du point de ralliement familial. Comprenez alors que la nouvelle de mon départ à l'autre bout de la planète les a un peu chamboulés.

Les réactions ont été diverses : sentiment d'abandon pour ma plus jeune sœur, réjouissante perspective d'un point de chute en Australie pour la deuxième et amusement inquiet pour ma sœur aînée. Mes parents, à qui j'appréhendais d'annoncer la nouvelle, n'y ont d'abord pas cru, puis ont commencé à s'inquiéter quand ils ont compris que ce n'était pas une blague. Finalement, ils se sont pris au jeu : après une razzia à la médiathèque, la maison s'est transformée en un office de tourisme de l'Australie.

Et puis heureusement, je ne pars pas seule : je serais accompagnée de mon chéri, qui est plus aguerri au voyage que moi (il sait conduire un 4x4, allumer du feu et il a toujours l'équivalent d'une caisse à outils sur lui), et qui va pouvoir me protéger des moults dangers qui me guettent. D'ailleurs, entre nous, c'est lui qui a eu l'idée de cette destination farfelue. Moi toute seule jamais je n'aurais eu l'idée d'aller dans un pays où il n'y a que du désert au milieu et des vagues énormes sur les côtés.

Avant de changer d'hémisphère, je suis, bien entendu, descendue dans ma douce Normandie. L'occasion de revoir cousins, cousines, grand-parents, oncles et tantes, de passer quelques jours chez mes sœurettes et d'apprendre les dernières nouvelles rassurantes, croustillantes ou alarmantes. Au final, de déambulations sur la plage en soirées au coin du poêle, de repas de fête en balades en campagne, j'ai pris une grande bouffée d'oxygène avant de partir. J'emporte le souvenir de la joyeuse tribu familiale, et de ma Normandie en bleu-vert-gris.

MISSION EMPAQUETAGE

Paris, le 08 novembre

9h30

Quentin, le frère de Gaspard, qui a trouvé un boulot à Sydney et vient de s'y installer après un an de Working Holiday Visa, profite de son passage à Paris pour nous faire un dernier debriefing. Ses photos de crocodiles affamés et de kangourous tout cassés sur le bord de la route nous font rêver. Bientôt notre tour ! Il nous apprend que les australiens sont baraqués et voraces (un peu comme les crocos finalement) et qu'ils font des barbecues géants sur la plage à toute occasion. Le hic ? Le croissant coûte 2,5 euros. J'apprends aussi qu'il y a un trou dans la couche d'ozone pile poil au dessus du continent, d'où de nombreux cancers de la peau. Cette info de dernière minute balaye les derniers doutes : ce pays est vraiment fait pour moi. Il nous file aussi deux trois astuces pour trouver des petits boulots, le premier étant de s'inventer plus ou moins une vie. Le problème c'est que la mythomanie c'est pas trop ma tasse de thé... Et puis autant pour vendre des petits pains, je pourrais bien donner le change, autant pour un boulot de serveuse, vu ma maladresse légendaire, je crains d'être démasquée rapidement...

En tout cas, l'avis d'un spécialiste du bagage australien

n'est pas de trop pour composer nos valises. Je suis quelque peu affolée à l'idée de partir un an avec juste deux sacs de 70 et 40 litres. Autant Gaspard est partisan du tout-en-un (du style la chaussure qui fait soirée, tong de plage et chaussure de marche) autant mon héritage maternel me pousse à emmener toute ma maison sur mon dos. Heureusement, la nature est bien faite car mes vêtements prennent deux fois moins de place que les siens. Mais tout de même, tout sac a ses limites : une fois casées les affaires de camping, les trousses de médocs et de toilette… c'est le drame, il va falloir choisir les élus du voyage. Quentin m'assure que je vais avoir envie d'acheter pleins de trucs là-bas et qu'il est inutile de me surcharger de vêtements et chaussures. Cette solution me plait. Déjà qu'au bout de trois semaines de vacances, je n'en peux plus de mettre toujours la même chose, un an comme ça et c'est la dépression nerveuse assurée.

S'ensuivent les bricoles et les morceaux de vie à emmener. Je ne pars pas à la guerre, certes, mais quelques photos, bijoux et messages d'au revoir, pourront me faire du bien en cas de blues au fin fond du bush. Mon bagage s'achève dans un désordre monstre : de toute façon je n'ai pas fait la check-list que je dois faire depuis des jours. Si j'oublie quelque chose, je ne m'en rendrais même pas compte. Ça m'évitera de tout redéfaire.

21h
La journée s'achève autour d'une pizza géante, dans notre resto italien fétiche, fameux pour la taille des plats et l'air renfrogné de ses serveurs, entourés de Quentin et de

notre fidèle copain Sanjay qui est triste de nous voir partir.

22h

Dernière balade en voiture dans Paris by night pour reconduire Sanjay... j'attrape des bribes de Paris par les vitres : la Tour Eiffel qui ne brille pas comme d'habitude, la place de la Concorde pleine d'installations bizarres et de lasers mystérieux, l'Opéra Garnier, les premiers éclairages de Noël aux Galeries Lafayette... Paris continuera à palpiter sans nous, moi je ne me sens déjà plus là.

Dernière nuit à Paris.

QUAND FAUT Y ALLER, FAUT Y ALLER !

Paris, le 09 novembre

Non, ce n'est pas un pur hasard du calendrier si nous partons le jour anniversaire de la chute du Mur de Berlin. Notre voyage est lui aussi comme une abolition symbolique des frontières. Pensez donc, je me risque enfin à quitter la France pour plus de trois semaines ! Notre première étape sera l'Ile de la Réunion, d'où Gaspard est originaire, et qui nous servira de sas d'acclimatation à l'exotisme. Et puis, quitte à faire un demi-tour du monde autant en profiter pour faire un coucou à la famille.

9h
Ce lundi devait être une journée de repos pendant laquelle nous regardions avec un sourire béat nos bagages prêts depuis la veille dans le salon tout rangé. Bien sûr, il n'en est rien. Il me reste des tas de trucs à finir, dont un sac et une brioche pralinée.

11h
Avec l'habitude des préparatifs ultra dernières minutes, on commence à maîtriser et avoir du bol. L'idée lumineuse des travellers checks, on l'a eu juste à temps, c'est-à-dire deux minutes avant la fermeture des commandes au bureau de change de Concorde. Pour aller les chercher, on est

arrivé pile un quart d'heure avant que la place ne soit totalement bloquée par les manifestations du Mur de Berlin. Si c'est pas du timing !

14h
J'ai dégoté in extremis les deux livres idéaux pour ma préparation psychologique au voyage : «Le koala tueur et autres histoires du bush», de Kenneth Cook et une saga romantique sur la vie des australiens, des vrais : *La dernière valse de Mathilda*, de Tamara McKingley.

16h30
Le principal étant d'avoir un sac bouclé, on peut affirmer que nous sommes prêts à temps. Pour la deuxième fois de ma courte vie, je prends un taxi et ce n'est pas du luxe vu que j'ai déjà attrapé mal au dos le temps d'amener mon barda jusqu'à la borne. Notre chauffeur est jovial et nous commente des faits d'actualités tous plus désopilants les uns que les autres : détournement de fonds, meurtrier en cavale dans les bois... Ce dernier cas le chiffonne et il nous en détaille les faits : la police ayant retrouvé les corps dans le puits du suspect et les cartes bleues des victimes dans son portefeuille, il ne comprend pas comment le présumé coupable peut encore clamer son innocence.

« Imaginez, je vous emmène à l'aéroport et ensuite on retrouve vos corps chez moi... ce serait quand même une drôle de coïncidence ! »

Nous poursuivons sur le sujet épineux de la conservation des corps. Il nous annonce qu'un ami à lui a congelé le corps de son bébé mort-né, car il ne savait pas quoi en faire. L'image du bébé côtoyant les poissons panés dans le congélateur me fait légèrement frissonner.

« Vous comprenez, aller l'enterrer dans la forêt ça risque de faire louche ! ».

On ne l'arrête plus sur ce sujet : il nous raconte ensuite la surprise de sa vie quand, étant livreur de colis, il a découvert en le brisant un bocal de liquide contenant un bébé mort en partance pour un labo. S'en suit le récit de la fausse couche de sa femme : le foetus tombé dans la cuvette des toilettes, etc...

17h30

Du coup, avec toutes ces belles histoires, le voyage a passé comme un songe. Un dernier coup d'oeil à Paris par la fenêtre et nous voilà déjà plongés dans le no man's land de l'aéroport. Gaspard me guide dans les méandres des halls, des files d'attentes et des comptoirs, car moi qui n'en suis qu'à mon deuxième départ en avion, je me sens totalement perdue. Montrer quinze fois son passeport et son billet, mettre et retirer ses affaires dans des bacs en plastique, passer par ci, attendre par là... quel cérémonial !

19h30

Nous sommes montés dans notre train volant, en train de déballer magazines, couverture et kit de voyage avec une joie mal dissimulée. Enfin, je parle pour moi car nous sommes entourés d'hommes d'affaires totalement blasés. Mon voisin de droite est de toute évidence un trafiquant de bijou. Son « associé » vient de lui glisser à l'oreille d'un air préoccupé : « Vous m'aviez dit qu'il n'y aurait pas de problème à la douane avec les métaux précieux... mais blabla bla... Je fais semblant de n'avoir rien entendu et me tiens à carreau. Dans l'avion tout m'amuse : les plateaux repas, les objets miniatures dans la trousse, les hôtesses qui passent, les zones de turbulence, les toilettes, l'écran interactif avec tous les films. Le temps passe presque trop vite. Ma fascination pour le visionnage de ce qui se passe sous l'avion (c'est-à-dire essentiellement des nuages et de l'eau) finit même par contaminer mon voisin le trafiquant qui arrête son film pour m'imiter, persuadé qu'il se passe quelque chose de vraiment passionnant.

9h30
Sortie de l'avion et entrée dans le bain. Et par bain, j'entends un bain très chaud, dans le genre de celui que prend ma sœur et qui me fait suffoquer quand j'entre dans la salle de bain après elle. Gaspard me confirme : non, il n'y a pas de chauffage dans l'aéroport. Il fait 26° à 9h du matin, avec un taux d'humidité proche de 80%, c'est l'été austral qui commence, c'est tout. La bonne nouvelle c'est qu'il a plu des cordes ces deux derniers jours, les moustiques sont nombreux et affamés ! Les retrouvailles vont être chaleureuses.

Dans la voiture je menace de m'endormir à tout moment, malgré la route sinueuse et la splendide vue sur la mer. A travers mes paupières lourdes, je suis heureuse de retrouver la case créole qui a vu grandir mon chéri avec ses lambris de bois blanc, ses palmiers et ses bananiers.

BILAN DE VALISE

La Montagne, le 12 novembre

Je dois me rendre à l'évidence, j'ai fait ma valise avec les pieds. La forme de mes hauts ne concorde pas avec celle des bas. A force de lire qu'il vaut mieux porter des vêtements amples en cas de chaleur, j'ai dérogé à une règle élémentaire qui veut qu'un haut large se porte avec un bas serré (et vice versa) et n'ai emporté que du flottant. Autrement dit, il y a de fortes chances que je ressemble à un sac pendant un an.

LA GUERRE DES BOUTONS

La Montagne, le 15 novembre

J'ai emmené un petit flacon de parfum mais je crois que je ne vais pas l'user beaucoup à la Réunion car je carbure exclusivement à l'anti-moustique. Géranium, lavande, citronnelle : je suis un vrai bac à fleur ambulant. Malgré cette barrière odorante, les moustiques sont bien là et pire, ils agissent en douce. Impossible de les entendre approcher et pourtant, chaque jour, je remarque de nouvelles bosses sur mes jambes. J'ai noté que le volume des piqures est proportionnel à leur appétit, et que celui-ci varie selon la pression atmosphérique. L'attaque d'hier l'a confirmé : les soirs d'orage sont particulièrement redoutables.

Si ça continue comme ça, avec mes poteaux déformés, je ne pourrais plus sortir à la plage.

IMPATIENCE(S)

La Montagne, le 21 novembre

Depuis bien une semaine, j'ai perdu mon sommeil de bébé. Sitôt couchée, mes jambes se lancent dans une danse de Saint-Guy qui ne prend fin qu'au lever du soleil, d'où de féroces insomnies. Je ne vois qu'une explication à cela : mes jambes ne tiennent plus d'impatience d'aller en Australie.

Seulement, comme il leur reste encore quelques jours à patienter, et que j'aimerais pouvoir dormir un peu en attendant, je suis à la recherche du remède miracle. Corde à sauter, douche avant de dormir, aubépine, fenêtre ouverte... rien n'y fait. La meilleure solution que j'ai trouvée jusque là, c'est de chausser ma lampe frontale et de me plonger dans la lecture passionnante de *Kambalda le kangourou* (50 pages dont la moitié d'illustrations – je le lisais quand j'avais 10 ans) jusqu'à m'endormir avec Kambalda dans les mains, ou sans Kambalda, tombé par terre.

Une solution efficace mais pas très écologique : je n'ai bien souvent pas le temps ni l'énergie d'éteindre ma lampe avant de sombrer, et je me transforme alors en un phare dans la nuit. En même temps si ça peut dissuader les cafards et autres bestioles qui se promènent allègrement partout dans la maison de venir faire un tour dans les parages, pourquoi pas.

ON NE DORMIRA PAS SOUS LES PONTS

La Montagne, le 25 novembre

L'heure est grave : dans quatre jours on débarque à Sydney et on ne sait toujours pas où on va dormir... Après avoir compulsé notre guide « Lonely Planet » de 2000 pages et épluché internet, on a fini par trouver notre bonheur: le YHA (Youth Hostel Accommodation) de Glebe, un quartier résidentiel de Sydney, calme et bohème, avec plein de petits cafés et restos sympas, juste comme on aime. Et comme on a le souci de s'intégrer et de faire des connaissances, on fera chambre séparée : dortoir fille pour moi et dortoir garçon pour Gaspard (c'est aussi un peu parce qu'il n'y avait plus de dortoirs mixtes).

D'après les photos, l'auberge a l'air aussi sympa que le quartier : toit en terrasse avec soirées barbecue, salle de détente avec canapé et billard... ça s'annonce plutôt bien. On a réservé pour une semaine, le temps de faire toutes nos démarches administratives et de trouver un autre point de chute.

AUSTRALIE NOUS VOILÀ !

La Montagne, le 27 novembre

Depuis trois semaines qu'on a quitté Paris, je ne réalise toujours pas que la Réunion n'est qu'une étape et qu'un jour ou l'autre on va débarquer à Sydney, et qu'on devra se débrouiller 24h sur 24h en anglais. J'ai dû avoir tout de même un sursaut de conscience car la nuit avant le départ, je me suis fait le film de notre arrivée à Sydney…et c'était pas jojo.

Dans mon rêve, Sydney était une ville toute grise, nuageuse, inhospitalière au possible. Même topo à l'auberge de jeunesse : personne à l'accueil, et dans les chambres rien d'autre que des matelas par terre. Sur le toit de l'auberge : une ambiance vraiment bof. Je découvre mes compagnes de chambre : deux françaises pas très avenantes. Puis, nous allons nous chercher à manger pour le soir, mais comme il n'y a rien dans le quartier nous devons prendre le bus. Je ne comprends rien au fonctionnement des bus et le prends dans le mauvais sens…Bref, nous nous sommes finalement retrouvés comme des glands à manger une pizza surgelée avec des frites (summum de la gastronomie) sous la grisaille, sur le toit de l'auberge de jeunesse.

Forcément quand je me suis réveillée, j'étais tout sauf

enthousiaste à l'idée de partir le soir même...Cependant, j'ai une théorie sur les rêves. Lorsque quelque chose me tracasse, tant que je n'en ai pas rêvé, c'est que je ne l'ai pas assimilé, ni consciemment, ni inconsciemment. Alors, cette fois c'est officiel, j'ai évacué mes angoisses de départ, mon esprit est libre ! Cela dit, en farfouillant dans mes affaires pour essayer de les faire rentrer de nouveau dans mes sacs, je n'en pas menais pas large. En plus, l'épreuve de l'empaquetage s'est avérée plus ardue que prévu. J'ai finalement dû me rendre à l'évidence : parmi mon tas d'affaire, tout le monde n'aurait pas la chance de faire partie du voyage. Je fais parfois des rêves prémonitoires, mais le frère de Gaspard nous a assuré qu'il faisait 40° et grand soleil à Sydney, alors j'ai jugé que polaire et imperméable étaient superflus et je les ai sacrifié dans la bataille du bouclage de bagages.

C'est là que je me suis félicitée de ne pas avoir pris la peine de repasser mes affaires, car j'ai du réaliser dans mon sac une compression dont César aurait été fier.

A 21h, nous étions parés au départ. 20 kilos de dos, 5 de face : parfait ! Malgré mon rêve de mauvaise augure, notre voyage a bien commencé car à l'aéroport de la Réunion, nous avons rencontré le commandant de bord qui a proposé à l'un de nous deux d'assister à l'atterrissage à Sydney dans la cabine de pilotage. À cette idée, mon âme de reporter n'a fait qu'un bond !

A LA POURSUITE DU FUSEAU HORAIRE

Sydney, le 29 novembre

Ce vol de dix heures avait tout pour nous déphaser : dîner à minuit, film, puis dodo alors que le soleil se lève. Eh oui, nous courons après le fuseau horaire ! Du coup, on se réveille après avoir mal dormi 4h et paf, il est déjà 15h ! Sur la tablette, point de petit-déjeuner mais directement le repas de midi. Il faut bien avouer que boire un thé en mangeant une quiche au poireau au réveil est légèrement déconcertant (cela dit, elle était très bonne). Ainsi requinquée, j'ai attendu le moment de l'atterrissage avec impatience, tout en tremblant que le pilote m'aie oubliée.

Alors que j'avais perdu tout espoir, une hôtesse est venue me signaler que j'étais « attendue au poste de pilotage pour assister à l'atterrissage ». Je me suis alors levée majestueusement, ai jeté un coup d'œil aux environs pour juger de l'effet de l'annonce (maximum!), et me suis faufilée jusqu'au Graal.

Ils étaient trois dans la cabine : deux aux commandes et un pour prendre des photos et m'atteler à mon siège, prétextant que ça allait secouer. J'ai failli répondre que je n'allais pas me laisser impressionner par un simple Boeing 777, alors que j'avais déjà fait un piqué à 30° au-dessus de la mer à bord d'un monomoteur. En effet, niveau secousse, c'était 0,5 à peine sur l'échelle de Richter. Je les soupçonne donc de m'avoir attachée pour ne pas que je puisse me promener dans la cabine et tripoter les boutons. Alors qu'en fait, il n'y avait aucun risque vu comme j'étais impressionnée !

Finalement, moi qui avais peur de remuer un orteil de peur de les déconcentrer et mettre en péril la vie de 350 passagers, je me suis aperçue que l'ambiance était plutôt décontractée. Vu de mon petit fauteuil, piloter un avion m'a paru bien plus simple que de conduire une voiture. Même pas besoin de tenir le volant, tout juste quelques boutons à tripoter entre deux blagues aux collègues et commentaires dans l'oreillette. C'est juste que l'échelle est un peu différente. Pour commencer, le tableau de bord s'étale sur deux mètres du sol au plafond et ensuite, quand des pilotes parlent entre eux ils ne débattent pas des mérites comparés de Mac et PC, mais de ceux de Boeing et Airbus. Nuance.

À part ça, le survol de Sydney était un spectacle vraiment impressionnant malgré le temps nuageux. Une immense flaque de petites maisons, avec un paquet de gratte-ciels au milieu et des bras de mers partout, le tout en vue panoramique. Comme arrivée en Australie, je n'aurais pas pu rêver mieux...Une fois l'engin posé, tout en douceur, il a fallu le garer, et ce n'était pas une mince affaire. On a pas mal tourné avant de trouver une place de parking (pardon une aire de garage) : il a fallu passer plein de coups de fil avant de pouvoir se caler dans un petit coin. Un petit créneau et hop, on était face à la bouche de sortie passagers.

Il était temps pour moi de revenir parmi le commun des mortels, sous le regard (forcément envieux) des autres passagers. Ne restait plus que l'épreuve de la douane, un truc apparemment terrible avec fouillage de sac à la moindre trace de terre sur les chaussures (ce qui laisse penser que les gens du scanner ont une vue de faucon maltais). Nous avons dû remplir avant un petit questionnaire afin de signaler tout objet suspect, et vu les menaces terribles en cas de fausse déclaration, nous avons préféré déclarer illico nos Opinel. Grâce à ça, nous sommes passés devant tout le monde à la douane. Comme quoi parfois l'honnêteté paye.

PREMIÈRES DÉCOUVERTES
SYDNEY – PITTWATER – BONDI

29 novembre - 08 janvier

PREMIERS CONTACTS

Sydney, le 29 novembre

Le frère de Gaspard nous attendait à la sortie de l'aéroport et nous avons pris ensemble notre premier café australien. Première boulette : perturbée par l'étendue du choix de cafés, dont je n'avais pour la plupart jamais entendu parler, j'ai commandé un macchiato parce que le nom me plaisait. À mon grand désespoir, je me suis retrouvée avec un café hyper serré, moi qui ne l'«aime» que dilué à l'américaine. La première erreur était de toute façon d'avoir pris un café alors qu'il était déjà 18h. Avec ça plus le décalage horaire, j'étais à peu près sûre de pas dormir cette nuit. Deuxième boulette : qu'est-ce qu'il m'a pris de ne pas emmener ma veste imperméable ? Car à Sydney, point de 40° degrés pour nous accueillir mais seulement 17 et un ciel plein de pluie. Avec mes rêves prémonitoires, je devrais peut-être songer à une carrière de Mme Soleil...

Vu l'étendue de notre chargement et le prix du train, nous avons opté pour la solution « taxi », direction Glebe Point Road, à notre « backpacker[1] ». Pour notre premier contact avec la population locale, nous sommes tombés sur la voiture de « Teddy Bear » : siège en moumoute grise, chauffeur poilu, baraqué et peu aimable. Heureusement qu'on nous avait vanté la jovialité australienne ! Le voyage s'est donc déroulé pendant près d'une heure sans un

---
[1] *Voir Glossaire du Bush, p. 333*

échange quelconque, même pas un simple grognement. En même temps, notre anglais n'étant pas très au point, cela valait sûrement mieux comme ça. A la sortie du taxi, nous avons été accueillis par une chauve-souris (on nous avait parlé des kangourous mais pas un mot sur les chauves-souris bien sûr), puis par un pur australien très chevelu à l'accueil du backpacker. Il nous a parlé pendant 10 minutes sans qu'on comprenne un seul mot. Légèrement affolés, nous avons pris notre clé en bafouillant quelques mots dans un anglais tout aussi incompréhensible.

VIVE LE MULTISHARE !

Sydney, le 30 novembre

Dans ma chambre, il y a deux allemandes et une hollandaise. Dans celle de Gaspard, beaucoup de bordel et des caleçons Batman qui sèchent sur les lits. Ce n'est qu'au cours de la nuit qu'il a pu en découvrir les propriétaires. La rencontre a d'abord été auditive : deux ronfleurs sur trois « room mates », dont un qui a débarqué sérieusement aviné au milieu de la nuit, et a mis le ventilateur à fond, à tel point que Gaspard a dû s'ensevelir sous les draps pour ne pas attraper de bronchite. Il s'est ensuite mis à ronfler d'une telle force qu'il a largement couvert le bruit du ventilateur. Gaspard n'a pas pu fermer l'œil de la nuit. A 5h30, au soleil levant, il a décidé de mettre fin à son calvaire et d'aller prendre une douche. En laissant sa serviette dans la chambre. Tirant un trait sur la douche, il est descendu prendre un café à la machine. En oubliant d'appuyer sur le bouton sucre. Il était temps pour lui de quitter ce lieu maudit : sale et mal réveillé, il a décidé de sortir prendre des photos du quartier, et avec son appareil photo.

Je l'ai retrouvé tout déconfit dans le salon du bas, lorsque je suis descendue à 8h. Moi-même, malgré le calme plat dans ma chambre (j'ai même cru un moment que toutes les filles étaient parties), je n'ai quasiment pas fermé l'œil de la nuit. A 4h, le sommeil a semblé vouloir de moi, mais le répit a été de courte durée puisque dès le lever du soleil, des oiseaux se sont mis à brailler sous mes fenêtres et le bus à vrombir toutes les 10 min.

Nous sommes donc sortis dehors comme deux zombies, nous racontant nos malheurs respectifs, et nous nous sommes échoués avec délice dans un café pour le petit déjeuner. Un vrai de vrai à l'anglaise : scrumble eggs on toast, tea and bacon. Manquait plus que les beans, mais franchement, c'était pas un mal. Nous étions enfin prêts à commencer la journée.

VAINCUS PAR K.O.

Sydney, le 01 décembre

Malgré notre décalquage horaire, nous prenons la température de Sydney (toujours 17°degrés, l'arnaque), guidés par Quentin. Et pour cela, rien de tel qu'une tournée des administrations...

Nous avons deux baies à contourner avant d'arriver sur George Street, qui est apparemment la rue principale du CBD (Central Business District). Quarante-cinq minutes de marche : une sacrée petite trotte, mais qu'importe nous sommes portés par les ailes de la découverte. Puis enfin, George est là, une grande rue bordée de gratte-ciel. Notre première impression de Sydney : haut, parallèle, perpendiculaire, et les pieds dans l'eau.

Nous attaquons sans attendre l'étape number one de notre périple administratif : l'inscription à une poste restante, via le Travellers Contact Point. Cette petite formalité n'avait l'air de rien, mais on en est tout de même ressortis épuisés, et pas d'avoir rempli des tas de formulaires et attendu des heures dans une salle glauque. Non, une épreuve d'un tout autre genre nous attendait.

De base, notre interlocutrice au Travellers Contact Point avait l'air plutôt enjouée, ce qui est en soi surprenant dans une administration, et qui aurait dû nous alerter.

Mais à la vue de nos noms sur les passeports, son enjouement s'est carrément mué en hilarité. Elle les a prononcé une dizaine de fois, riant à chaque fois à gorge déployée. Après avoir demandé si mon prénom était italien (non, aucun rapport avec le cappuccino !), elle est retombée dans une crise d'hilarité. Au départ, le rire étant toujours un peu contagieux, nous avons ri de concert, bien que ne voyant pas ce qu'il y avait de si comique avec «Gaspard» et «Capucine». Le problème c'est que sur chaque formulaire où elle devait inscrire nos noms, c'était reparti pour un tour, et la nuit blanche aidant, ça a commencé à devenir très éprouvant : assommés à coup d'éclats de rire, voilà ce qu'il nous arrivait !

Une fois l'entretien terminé, nous avons quitté l'établissement avec une adresse postale, une carte SIM, et un numéro de taxe, mais aussi avec la tête farcie, les zygomatiques crispés, et une vague inquiétude : avions-nous juste expérimenté la fameuse jovialité australienne ou allions-nous être la risée de tout Sydney, à cause d'un mystérieux et visiblement hilarant sens caché dans nos noms ?

CHASSE AU TRÉSOR

Sydney, le 01 décembre

Sydney a beau être une ville sûre, se balader avec des liasses de dollars dans les poches n'a rien de rassurant. Il est temps de mettre notre argent au chaud. Pour ça, pas de souci. Ma banque française me l'a assuré : ils ont une branche commerciale à Sydney. Je me hâte donc à l'adresse indiquée, sur George Street. Au 400, point de banque mais un gratte-ciel de bureaux avec un hall au luxe impressionnant. Qu'à cela ne tienne, j'ai repéré le logo de ma banque sur la liste des bureaux, ce n'est pas les dix mètres de plafonds, les cadres costumés et les marbres partout qui vont m'arrêter.

Je rentre donc, suivie par Gaspard (qui n'est pas convaincu que ce soit une bonne idée), et nous montons jusqu'au 17ème. Guidée par mon logo, j'arrive face à un bureau qui décidément ne ressemble pas trop à une banque... De l'autre côté de la porte vitrée, et bien close, une dame en tailleur nous toise d'un air stupéfait et peu amène. Il faut dire qu'avec notre look de voyageur/randonneur en savate, baskets et sac à dos, nous faisons sacrément tâche. Elle a entrouvert la porte pour nous demander ce qui nous amenait : elle pensait peut-être que nous allions faire la manche, alors qu'en réalité c'était tout le contraire. Je lui ai répondu que nous voulions tout simplement ouvrir un compte, et malgré cette preuve de notre bonne volonté, croyez-moi ou non, elle n'a pas voulu de nos sous.

On nous avait mis sur une fausse piste, il n'y a pas plus de banque Société Générale à Sydney que de beurre dans les épinards. Alors, certes, je me suis payée une sacrée honte, mais au moins, j'en ai eu le cœur net et puis j'ai dû mettre un peu de piment dans sa morne journée de banquière. Ceci dit, faudrait pas s'étonner si, suite à notre intrusion, la sécurité à l'entrée de la tour est un peu renforcée. Pour notre part, il ne nous reste plus qu'à nous mettre en quête d'une vraie banque.

TRÉSOR ENTERRÉ

Sydney, le 02 décembre

Aujourd'hui, deuxième contact avec l'administration : après une tentative tragiquement avortée hier, nous ouvrons un compte dans une vraie banque.

Au bureau de notre conseiller, nous appréhendons de tendre nos passeports de peur de déclencher à nouveau une tempête de rire. Mais non. Notre interlocuteur est imperturbable, voire carrément rébarbatif. Heureusement, nous avons eu le droit de choisir la couleur de notre carte bleue et j'ai choisi du rose, ce qui m'a un peu égayée. Puis, nous sommes passés au comptoir déposer nos travellers chèques et là, ouf, nous sommes tombés sur une petite rigolote, avec qui nous avons plaisanté entre deux signatures de paperasse.

Au fait, petite précision : n'allez pas croire qu'en trois jours (dont une nuit blanche) nous soyons capables de blaguer à un guichet de banque. Notre sens de la répartie en anglais n'étant pas encore très développé, le schéma est plutôt le suivant : elle plaisante, nous rions (de joie d'avoir compris ce qu'elle nous raconte).

En tout cas, ce qui est chouette avec les dollars australiens, c'est qu'on a l'impression d'être riche ! Dommage que ce ne soit qu'une impression.

BANDE-SON AUSTRALIENNE

Sydney, le 03 décembre

Etant arrivés à la nuit tombante, la première chose qui nous a marqués de l'Australie, ce sont les sons.

Quand on parle de son d'oiseau, on imagine un doux bruit mélodieux. Mais ici, les oiseaux braillent, ni plus ni moins. Pour dire, quand l'un d'eux pousse son cri, on dirait un enfant enrhumé qui pleure. Lorsque je l'ai entendu lors de ma première nuit, non seulement le bruit m'a empêché de dormir, mais en plus je n'arrivais pas à comprendre de quelle étrange créature ce son pouvait bien émaner. Et je ne parle pas du cacatoès, un joli perroquet blanc au bec jaune, dont le cri strident est tout simplement horripilant.

J'ai aussi découvert plus tard un grillon dont le grillonnement dépasse allègrement le niveau sonore de Lara Fabian qui crie « Je t'aiiiiiimeuuuu ». En passant à côté, j'ai sérieusement cru que mon tympan allait voler en éclat.

Comme tout semble être à l'envers en Australie, même la hiérarchie des sons est inversée. Les oiseaux font des bruits d'alarme et les alarmes des bruits d'oiseaux. Par exemple, le feu vert des passages piétons produit un son très rigolo, entre le pivert et la tourterelle. Tellement rigolo que ça nous a fait ricaner à chaque intersection pendant bien une semaine. On s'est dit que ça devait être le même phénomène que pour la fille du Travellers Contact Point avec nos prénoms. En effet, personne d'autre n'ayant eu de fou rire en les voyant, on a émis l'hypothèse de la sonorité insolite. Soulagement... on aurait été embêté si en argot australien nos prénoms avaient voulu dire Caca Boudin ou Petit Salé.

IL EST OÙ LE JAMBON ?

Sydney, le 03 décembre

Niveau supermarché pour le moment, on est en phase test. On observe la nourriture locale avec la curiosité des premiers explorateurs, sans trop oser y goûter, ou savoir quoi en faire...

Et on compte les morts...impossible par exemple de trouver du jambon, de la crème, du jus de fruit pur jus ou des carrés de sucre. On peut trouver du fromage mais c'est un produit de luxe, à moins qu'on raffole du cheddar, mais alors là, je vois pas comment on peut avoir envie de manger un cube de plastique beige.

Ici, tout est oversize. Le lait se vend en bidon, comme l'essence. Les paquets de céréales, de chips ou de sodas de 3 litres nous donnent l'impression d'avoir de toutes petites mains. Impossible pour un enfant de s'en saisir (serait-ce une mesure de prévention contre l'obésité infantile ?).

En parlant d'obésité, que dire de l'étendue du rayon chips, sodas ou sucreries ? Ou plutôt des rayons, car il y en a disséminés dans tout le magasin : si on a résisté une première fois à la tentation, on est sûr de craquer la deuxième ! Et il s'agit bel et bien de résister car leurs biscuits au chocolat « Tim Tam » sont une vraie tuerie, sans parler du chocolat aux Smarties ou de la limonade « Solo » (là je parle pour Gaspard, car moi je trouve que ça a un goût de Paic citron).

Bref, vous l'aurez compris, faire ses courses en Australie la première semaine, ce n'est pas une mince affaire. Pas étonnant qu'on se retrouve après avec rien d'autre qu'une vieille sauce bolognaise (pas bonne) à se mettre sous la dent.

FAISONS UN POINT BACKPACKER

Sydney, le 04 décembre

Par romantisme ou nostalgie, on est souvent tenté de croire que l'ambiance est conviviale dans les auberges de jeunesse (ce qui est censé compenser le manque d'intimité permanent et la rusticité du confort) ; aussi une petite visite des arrières-cuisines s'impose. En effet, après quelques jours passés au cœur de l'action, je suis étonnée de constater que personne au backpacker ne se dit bonjour ou ne se fend d'un quelconque geste amical, sourire ou passage de sel. Il n'y a guère que les purs Aussies pour nous inviter à regarder des matchs de cricket à la télé, mais là il faut carrément avoir son après-midi de libre, et puis on ne peut pas vraiment dire que ce soit passionnant.

Dans ma chambrée, les filles ne sont pas désagréables, mais pas vraiment causantes non plus. Quant à Gaspard, il connaît bien le ronflement de ses room mates, mais pas leurs prénoms. Faut dire qu'on n'est pas aidé niveau sociabilité : on n'est pas assez anglophone et on ne boit pas de bière.

Niveau hygiène, chez les filles rien à dire, ou presque. Par contre, chez les gars, vaut mieux avoir le cœur bien accroché, surtout le matin après une nuit mouvementée...Ce qui prouve que pour l'égalité des sexes, ce n'est pas encore gagné. Pauvre Gaspard.

La cuisine est grande, pas spécialement propre, mais bien équipée. Quand on avise la batterie de couteaux de cuisine, on se dit qu'il vaut mieux ne pas se fâcher avec ses petits copains de chambre. Pour le reste, c'est un peu comme à l'école, il y a des casiers pour ranger ses provisions et des étiquettes à coller pour marquer son nom. Il y a aussi des tas de feuilles A4 plastifiées, ornées d'images ClipArt réchappées de l'ère 0.0, et disséminées un peu partout pour nous expliquer qu'on doit nettoyer nos assiettes, les sécher et les ranger, sinon, c'est qu'on est très très vilain. Certaines nous informent qu'il ne faut pas voler la nourriture de ses petits camarades, ou encore se tromper d'étiquette entre le frigo et les étagères. Et le plus terrible : si on n'a pas étiqueté ses sacs, le vendredi « at 2pm », la nourriture risque d'être « removed then thrown away », c'est-à-dire mise à la poubelle. Le cauchemar.

Apparemment les gens qui fréquentent les backpackers sont pires que des gamins, car malgré toutes ces belles recommandations ou menaces, il n'y en a pas un sur trois qui fait sa vaisselle ou retire ses trucs moisis du frigo en partant. Par contre, l'avantage de la cuisine commune, c'est qu'on peut copier des idées de plats sur ses voisins de casseroles. Car, contrairement à ce qu'on pensait, ici, il n'est pas question de malbouffe d'étudiant. Légumes cuisinés, salades, viandes en sauce... c'est pas compliqué, face à toute cette concurrence internationale, avec nos pâtes bolognaise (en boîte) nous sommes la honte de la gastronomie française. Mais nous ne comptons pas en rester là !

LES BUS
Sydney, le 04 décembre

Prendre le bus ? Très simple, me direz-vous. Mais pas en Australie. Car en Australie, il n'y a pas de plan de bus, pas de nom d'arrêt, ni à l'intérieur, ni à l'extérieur. D'ailleurs les arrêts ne sont rien d'autre que de simples poteaux.

Pour prendre le bus, il faut donc :
Savoir parfaitement où on va, et comment.
Se mettre bien avec ses voisins pour pouvoir leur demander son chemin, et accessoirement parler un peu anglais pour comprendre les explications.
Avoir une vue perçante pour repérer les arrêt de bus déguisés en poteaux.
Avoir un excellent sens de l'équilibre ou des bras musclés pour se maintenir debout dans les virages.

Il ne faut pas :
De fragilité aux bronches à cause de la clim poussée à fond
Avoir un tour de fesses supérieur à 50 cm (ou avoir un voisin avec un tel tour de fesses), sans quoi c'est la chute assurée pour celui est sur le côté couloir de la banquette
Être susceptible car les chauffeurs ne répondent jamais quand on leur dit bonjour
Être rancunier car l'usage veut qu'on remercie le chauffeur en descendant. Remercier de quoi, mystère...de nous avoir secoués comme des pulpes dans une cannette d'Orangina ?

SOIRÉE BARBEC' SUR LE ROOFTOP

Sydney, le 05 décembre

Ce soir à 19h, c'est soirée «barbecue sur le rooftop». Depuis le temps qu'on nous pourlèche avec ça, impossible de passer à côté. Pour avoir l'air « casual », on s'amène à 19h15 et là, surprise, tout le monde est déjà attablé avec sa côtelette grillée et sa bière. En Australie, on ne rigole pas avec l'horaire des repas.

Par bonheur, il reste encore des saucisses mais plus trop de place à table. Au buffet, il y a des gamelles géantes avec des salades bizarres, dont une avec des patates froides qui baignent dans une crème blanche. Apparemment, la chips n'est pas d'usage...Du coup, pour moi, ce sera salade verte. Par contre, la bière est tellement incontournable qu'on nous en a fourrée une directement dans la main en arrivant. Oui mais quand on n'aime pas la bière on boit quoi ? Avec cette question, visiblement inédite, on a semé le trouble...car personne n'avait jamais pensé à cette éventualité.

On s'installe donc avec notre assiette de barbec à la table des retardataires où il règne une ambiance de folie (je plaisante bien sûr !). Finalement, un type chevelu commence à parler à Gaspard tandis que je vais me resservir de saucisses. A mon retour, je me concentre à fond pour rattraper la conversation. Finalement, sûre de mon coup, je me lance : « So, you come from New-York? »

… gros blanc…

« Hum, no, I'm from Ireland ».

J'ai essayé de me rattraper en expliquant que je les avais entendu parler de New-York, et que du coup, j'avais cru que…etc… mais c'était trop tard, j'étais discréditée. Surtout qu'après coup, Gaspard m'a assuré qu'il n'avait jamais été question de New-York dans la discussion.

Franchement, comment voulez-vous que je fasse des connaissances, si, en plus de ne pas parler trop bien anglais et de ne pas boire de bière, mon oreille me joue des tours ?

LA VIE À GAUCHE

Sydney, le 06 décembre

Rouler à gauche, c'est plus qu'un sens de circulation, c'est un mode de vie. Ne pas s'y conformer implique certains dangers.

Il y a bien sûr manquer de se faire renverser parce qu'on a regardé du mauvais côté de la route avant de traverser, mais aussi se manger une porte tournante en rentrant dans un hall de building un peu chic, prendre les escalators à l'envers, se tamponner tout le monde sur le trottoir en marchant à droite, attendre le bus sur le mauvais trottoir, ou encore se ridiculiser en affirmant qu'il avance en marche arrière...

Moi qui n'ai jamais su distinguer ma droite de ma gauche, me voilà encore plus embrouillée !

US ET COSTUMES

Sydney, le 07 décembre

Bien que je ne sois pas chroniqueuse de mode dans un magasine féminin, j'aime observer les styles vestimentaires locaux pour ce qu'ils apprennent sur les habitudes des gens.

Ce qui m'a le plus marqué en arrivant à Sydney, c'est le style extrêmement décontracté, à la limite du manque d'élégance. Pas de fashion victim hyper lookée comme on en rencontre à Paris. A longueur de rue, des jupes et des shorts ras la cellulite, et de la tong à foison.

Puis, j'ai découvert que c'était plus subtil que ça. En fait, dans les rues de Sydney, il y a quatre périodes vestimentaires. Le matin de bonne heure et à la pause midi, c'est talon haut, chemisier et jupe crayon pour les femmes (non Gaspard, une jupe-crayon n'est pas une jupe dans laquelle on peut ranger ses stylos...), et costard pour ces messieurs. Noir et blanc. Dans la journée, tourisme ou congé oblige, c'est la fête du short. Vers 17h, à la sortie du boulot, ça devient bizarre : on croise des mix tailleurs-baskets blanches ou tailleur-tong...c'est la période de transition boulot-jogging. En version homme, ça donne costume trois-pièces et sac à dos de sport ou même planche de surf sous le bras.

Puis, à partir de 18h, c'est comme si toutes les filles se rendaient au bal des débutantes : et que ça froufroute, que ça satine, que ça choucroute ! Le tout maquillé à la truelle et perché sur des talons d'au moins 10 cm...C'est l'heure de la sortie au pub, en toute simplicité.

Et ce défilé quotidien qui me paraît si osé avec mon habitude parisienne du look-impeccable-sinon-je-ne-sors-pas-car-tout-le-monde-va-me-regarder-de-travers, se déroule dans le plus grand naturel. Pas de regards moqueurs, pas de dévisagement des pieds à la tête dans un silence qui en dit long. On est soi, on respire, ça fait du bien.

UPSIDE DOWN
Sydney, le 07 décembre

Vivre la tête à l'envers, certes on ne s'en aperçoit pas, mais tout de même, ça a des conséquences sur la vie de tous les jours.

Au début, je n'avais pas vraiment réalisé les différences entre hémisphères mais petit à petit, j'ai découvert qu'il se passait des choses vraiment inhabituelles :

Chez nous, le nord c'est là où il fait froid et gris (et où on ne s'aventure qu'en cas d'extrême nécessité). Alors qu'en Australie, c'est au Nord qu'on vient chercher la chaleur des tropiques alors qu'on se les gèle dans la pointe Sud.

Chez nous, à Noël on se serre autour d'un feu de cheminée et on se baffre de tous les aliments les plus caloriques qui soient pour résister au froid et à la déprime des jours trop courts. Tandis qu'ici, Noël est synonyme de soleil de plomb, de cocktails et de grands barbecues sur la plage. Il faut voir d'ailleurs les bikinis de Noël, rouge avec des bords en fourrure blanche, qui fleurissent sur les étals dès le mois de novembre…

Mais ce n'est pas tout : même les éléments s'y mettent pour bouleverser nos repères : l'eau s'écoule en sens inverse des aiguilles d'une montre dans les siphons, les constellations ont la tête à l'envers, quand elles ne sont pas carrément rayées de la carte (RIP chère grande Ourse), et pire encore, même la course du soleil est inversée ! Cette dernière nouvelle sidérante, je l'ai découverte à la plage, alors que j'essayais d'anticiper les prochaines zones d'ombres sur ma serviette et que je m'étonnais de me retrouver systématiquement en train de cuire au lieu d'être bien peinard à l'abri de mon palmier. Mais oui, au lieu de passer de l'Est à l'Ouest par le Sud, le soleil d'Australie passe par le Nord !

Conclusion : en Australie, ne pas se réjouir trop vite d'avoir fait une bonne affaire en achetant vraiment pas cher un appartement exposé plein Sud.

LA VIE EST DURE POUR LES BACKPACKERS

Sydney, le 08 décembre

Lundi 08 décembre : la vie est un éternel recommencement. Au bout d'une semaine, nous revoilà en train de faire nos sacs pour aller s'installer quelques jours à Pittwater, au Nord de Sydney. Une fois de plus, c'est un mystère : nos affaires ont augmenté de volume dans la semaine et plus moyen de les recaser dans le sac... Au final, une bonne compression et nous voilà sur le trottoir, titubant sous le poids de notre fardeau. Si avec ça je ne reviens pas avec quelques centimètres de moins !

C'est fou comme la vie est compliquée avec 20 kilos de plus. Aller à la banque, manger au food court, squatter au MacDo pour le wi-fi, faire des courses au supermarché puis aller à la gare routière pour prendre le bus : toutes ces tâches quotidiennes deviennent de vrais calvaires.

C'est donc avec un grand soulagement qu'à 16h et des poussières, on a enfin pu déposer notre boulet au fond du bus nous amenant à Church Point, dans la banlieue nord de Sydney, où se trouve notre prochaine auberge de jeunesse. Hélas la trêve est de courte durée car au fur et à mesure qu'on traverse Sydney, le bus se remplit inexorablement et nous voilà flanqués de la réplique exacte de Clint Eastwood dans Gran Torino, qui veut s'assoir pile poil à l'endroit où gisent nos sacs. Bon, il se trouve que c'est la dernière place assise dans le bus. Par bougonnement anglophone, il nous fait comprendre qu'on n'a qu'à mettre nos sacs dans le truc à bagages, tout à l'avant du bus. Facile à dire : déjà qu'on n'arrive pas à les soulever de leur siège, c'est pas pour leur faire traverser un bus rempli de monde. J'explique donc à Clint ces légers empêchements et lui propose mon siège.

« No, it's OK! » lance t-il d'un air dégouté, bien décidé à nous faire culpabiliser un max. Bon, déjà, c'est pas à lui qu'on demandera où on doit descendre.

La fin de l'histoire : après qu'on ait traversé toute la banlieue nord de Sydney, soit 1h de trajet, Clint a fini par descendre ainsi que quasiment tout le bus. Nous avons finalement trouvé des tas d'âmes charitables pour nous indiquer où était l'arrêt de « Church Point », c'est à dire un endroit vraiment paumé, et nous avons pu débarquer notre chargement en paix.

FERRY DE BANLIEUE

Pittwater, le 08 décembre

Sur notre feuille de route était indiqué : prendre le bus jusqu'à Church point, puis prendre un ferry jusqu'à Walls Warf, marcher ensuite pendant 20 min pour atteindre l'auberge de jeunesse en suivant une petite carte dessinée à la main. Ça fait un peu carte au trésor et c'est pour ça qu'on a tout de suite été emballé.

Moi quand on me dit ferry, j'imagine une grosse embarcation qui transbahute les touristes d'une rive à l'autre. Or, nous voilà dans une baie à moitié sauvage, sur un ponton de bois, face à une coquille de noix apparemment destinée à transporter des passagers puisque des gars en costard s'installent dedans...

D'autres personnes qui sortent du boulot ou de l'école attendent sur le « quai » que leur progéniture ou frère viennent les chercher en bateau à moteur. Ça y est j'ai compris : les ferry à Pittwatter sont des sortes de RER locaux. Et tous ces gens sont des banlieusards. Intéressant.

Le chauffeur du ferry, un vieux loup de mer, nous promet de nous débarquer au bon endroit, nous file un bout de papelard qui fait office de ticket et nous voilà partis pour l'aventure. Vingt minutes de vent dans les cheveux et de yeux grands ouverts : la lumière rasante sur les côtes boisées, les reflets orangés à la surface de l'eau, les mâts de voiliers qui oscillent tout autour, et notre ferry qui pétarade... wow !

Vingt minutes plus tard, nous voilà largués sur un ponton désert, perdu en pleine forêt : « Walls Warf », c'est écrit sur un poteau. Plan en main, sac au dos, sourire aux lèvres, il ne nous reste plus qu'à attaquer la dernière ligne droite qui malheureusement ne l'est pas vraiment, surtout dans le sens de la hauteur.

Après une lutte interminable contre la gravité sur un sentier grimpant en colimaçon, nous atteignons le but ultime : notre auberge de jeunesse perdue au milieu de la forêt.

Accueillis en plus par un adorable wallaby, franchement on n'aurait pas pu rêver mieux.

LES CHARLESTON

Pittwater, le 09 décembre

Nous voilà réconciliés avec les auberges de jeunesse. Autant à Sydney, c'était clairement chacun pour sa pomme et personne ne se décroche un mot, ici c'est tout l'inverse. C'est comme une grande maison que l'on partagerait avec pleins de colocataires. Il y a le couple de français, Jenny et Jérôme qui bossent à l'auberge quelques heures par jour, mais aussi deux backpackers et un quinquagénaire anglais qui nous permettent de pratiquer la langue de Shakespeare.

Les deux backpackers sont anglais et ont le même prénom : « Charleston ». Mais la comparaison s'arrête là : le premier est une grande asperge blanche flegmatique surnommée « Blanche neige » par la manager (ce qu'il sont taquins ces australiens). Il parle en avalant la moitié des syllabes, ce qui rend la communication à peu près impossible. Le deuxième est petit et aussi vif qu'un renard. Venant de la banlieue londonienne, son accent sonne mieux à nos petites oreilles françaises.

Nous apprenons que « Blanche-neige » débarque tout juste d'Angleterre avec 24h d'avion dans les pattes, ce qui explique en partie son air cadavérique. Ils sont sympas malgré leur drôle de prénom.

LES CHARLESTON, SUITE

Pittwater, le 10 décembre

Il est l'heure du tea time lorsque nos deux Charleston surgissent du chemin, lessivés au propre comme au figuré, avec un gilet orange au dos et une pagaie à la main. Cette fois, Blanche-neige semble à deux doigts de s'évanouir. Et pour cause : pas le temps de se remettre du voyage et du décalage horaire, ce matin, ils ont loué les canoés du backpacker pour aller à Church Point remettre des sous dans l'horodateur…

4h de pagaie aller-retour pour un horodateur. Ils sont fous ces anglais !

LES CHARLESTON, SUITE ET FIN
Pittwater le 11 décembre

Ce matin, en regardant les noms écrits sur les bacs dans le frigo, j'ai découvert que ceux que je nomme depuis deux jours Charleston s'appellent en fait… « Jonathan ».

Et encore, j'ai échappé au pire car lorsqu'ils se sont présentés le premier jour dans la cuisine, j'ai failli sortir « Ah, Charleston… like the dance ? », mais heureusement j'ai estimé que mon anglais n'était pas assez bon pour me lancer dans de l'humour. Bien m'en a pris.

M. POLICE

Pittwater le 11 décembre

Pas de doute, Pittwater, c'est le rêve : à 1h30 de Sydney, un environnement préservé, des rencontres sympas, des wallabies qui nous lèchent les doigts de pied...Un peu plus et je n'avais rien de croustillant à raconter.

Heureusement, il y a M. Police. M. Police s'appelle ainsi parce que personne ne sait son nom et qu'il porte toujours un T-shirt marqué « Police ». Cet homme est le mystère de Pittwater. Il a débarqué peu de temps avant nous, en sueur et sans aucunes provisions pour son séjour. Il n'avait apparemment aucune idée de là où il se rendait car lorsqu'il a réalisé qu'il n'y avait pas de supermarché dans le coin, et pas de télé non plus, il est devenu très nerveux et a passé sa soirée à bougonner à la cabine téléphonique (pour organiser un rapatriement en hélicoptère peut-être ?).

Nous pensions tous qu'il allait prendre le premier ferry du matin pour rentrer, aussi nous avons été stupéfaits de le trouver de nouveau à la cabine téléphonique le lendemain soir. Toujours dans la même posture, le dos voûté, les épaules contractées, le regard torve, la voix basse et tendue. On n'a pas cherché à comprendre.

M. POLICE, SUITE

Pittwater, le 12 décembre

Ça fait maintenant trois jours que M.Police a débarqué à Pittwater. Trois jours que personne ne l'a vu manger, qu'il porte le même t-shirt et qu'il ne dit bonjour à personne. Tous les matins il disparaît et on pense qu'il est enfin parti, mais tous les soirs on le retrouve à errer autour de l'auberge comme un lion en cage. Vu son odeur et la variété de ses t-shirt, on a déduit qu'il n'y a pas que la nourriture qu'il a oublié d'emporter. Jenny, après avoir nettoyé sa chambre, nous en a fait un compte rendu affolant.

Trois jours qu'on se pose la même question : mais qu'est-ce que cet homme fait ici alors qu'il n'apprécie ni l'endroit, ni la compagnie humaine ? Chacun y va de son hypothèse. Pour ma part, je suis persuadée qu'il est en cavale et qu'il est venu se planquer un moment dans ce trou paumé. Ce qui expliquerait les coups de fils mystérieux (à son complice), son asociabilité et son air de bête traquée. Cette hypothèse n'a rien de rassurant pour nous vu l'isolement et l'absence de verrou aux chambres...D'autres avancent qu'il aurait été envoyé ici en cure de développement personnel. Il a été surpris en possession d'un livre de méditation.

M. CORNICHON

Pittwater, le 12 décembre

Depuis hier, il y a à l'auberge un papy australien adorable, tout petit avec une bouille ronde, des lunettes rondes et une moustache blanche. On n'a pas encore eu l'occasion de lui parler, et ce soir nous sommes tous ensemble, avec Jenny et Jérôme, dans la cuisine.

Tandis que mon esprit vagabonde entre plusieurs conversations, je vois Jérôme lui demander quelque chose en anglais puis j'entends la réponse : «Gherkin», c'est-à-dire «cornichon» en anglais.

Moi plus tard dans la soirée : « Quand même, ça ne doit pas être marrant de s'appeler M.Cornichon »
Gaspard : « Mais de qui tu parles? »
Moi : « Ben du monsieur australien qui était dans la cuisine »
Gaspard : ?????
Moi : « Il a pas dit qu'il s'appelait comme ça tout à l'heure? »
Hilarité générale.

La question que Jérôme lui avait posée c'était « comment on appelle ça en anglais? » en lui montrant un pot de cornichons.

BUSHWALKING
Pittwater le 13 décembre

Casquette vissée sur la tête, pantacourt prolongé par les chaussettes, imprégnés de Repellent et crème solaire des pieds à la tête, bâton à la main pour écarter toiles d'araignées et feuillages : c'est dans cet accoutrement que nous partons à l'assaut de la jungle Pittaquatique pour notre première randonnée australienne. On n'est jamais trop prévoyant (enfin, ça c'est plutôt une théorie de Gaspard).

En effet, nous sommes protégés de tous dangers éventuels (soleil, serpents, moustiques et araignées) mais par contre, pas à l'abri de nous paumer. Cette marche, en fait, est un peu comme les histoires aborigènes : elle semble se transmettre uniquement par tradition orale. Pas de balisage, pas vraiment de chemin non plus. Nos seuls points de repère : un plan dessiné à la main (et absolument pas à l'échelle), la description du parcours par la manager (« au niveau des grave stones vous coupez à droite à travers la forêt »). Et puis la forêt par ici, c'est pas celle où on va chercher des châtaignes en octobre : elle est plutôt du genre tropicale, avec des feuilles plus grosses que moi et des lianes enchevêtrées partout. Par bonheur, des scotchs de couleur accrochés aux branches de temps à autre nous rappellent que quelqu'un est déjà passé par là un jour.

Arrivés en vue de l'ancienne caverne aborigène décrite

par la manager, nous avons eu la confirmation que nous n'étions pas perdus. Une formation rocheuse étonnante, creusée par les vents et percée à des endroits comme un gros morceau de gruyère.

L'ascension s'est poursuivie jusqu'au fameux point de vue où nous avons pu embrasser la baie de Pittwater, sa côte déchiquetée, ses forêts d'eucalyptus et de mâts de voiliers, et ses mangroves. Vraiment sympa la banlieue Nord.

M. POLICE, SUITE ET FIN

Pittwater le 14 décembre

Ce matin, alors que nous partions pour une balade et descendions le sentier pour aller prendre le ferry nous l'avons aperçu plus bas traînant laborieusement une valise à roulettes dans la caillasse. Le départ tant attendu !! Bien entendu, nous n'avions aucune idée d'où pouvait bien sortir cette valise, encore un mystère de plus...

La perspective de faire un bout de chemin avec lui ne nous enchantait pas trop, ni celle de louper le ferry en ralentissant le pas... L'autre problème, c'est que si jamais il loupait son ferry (ce qui allait bien finir par arriver vue son allure), nous, en arrivant derrière, on risquait d'assister à une crise de colère et de se prendre une valise dans la tête ! On a donc agi lâchement, on a pris un raccourci et on l'a doublé sur le chemin. On s'est retrouvés du coup sur le même ferry (car il ne l'a pas loupé), mais en prenant soin de se mettre aux deux bouts. Nous sommes descendus avant d'arriver à Church point, et M. Police a continué sa route, sans un au revoir, emportant avec lui son secret.

INTRODUCTION À L'ART ABORIGÈNE

Pittwater le 14 décembre

Notre deuxième randonnée est plus culturelle et moins expérimentale que la première : cette fois il y a un chemin, non balisé certes, mais un chemin. Mais avant cela, il faut prendre le ferry pour atteindre la rive d'en face, marcher ensuite jusqu'à des gravures aborigènes, reprendre un ferry jusqu'à Scotland Island, faire le tour de l'île puis rentrer de nouveau en ferry.

Charmant parcours en perspective : un premier contact avec la culture aborigène et puis plein de balades sur l'eau dans notre coquille de noix préférée...vraiment, Pittwater, on adore !

Après avoir grimpé à travers une forêt tropicale touffue qui nous donne l'impression d'être des explorateurs audacieux, nous arrivons sans plus de transition sur un plateau lumineux et dégarni. Un curieux mélange de bord de mer et de savane avec du sable rosé par terre, des herbes jaunies et çà et là des eucalyptus au tronc gris mi-argenté mi-carbonisé... Au fur et à mesure que l'on progresse la végétation se raréfie jusqu'à se cantonner à des buissons sablonneux. Nous approchons de la dalle sur laquelle on a découvert il y a un siècle des dessins aborigènes datant de milliers d'années. L'endroit est tout sauf touristique : on distingue à peine un chemin qui bifurque à travers les broussailles, avec juste un petit panneau posé au sol indiquant que, oui, c'est bien par là. Je souris en pensant au nombre de personne qui ont dû passer par ici sans savoir qu'à quelques pas sur la gauche se cachent des artefacts préhistoriques.

Au bout de quelques mètres, la dalle est là, immense rocher plat qui surplombe la baie. Stupéfiant.

La surface de la roche d'abord lisse se scinde ensuite en une infinité d'hexagones. Plus on avance, plus on a l'impression d'être sur le dos d'une tortue géante. Cette roche a vraiment quelque chose de spécial dans sa matière, sa situation et sa sur-dimension et je comprends mieux pourquoi les aborigènes l'utilisaient comme lieu spirituel de rassemblement. Armés d'un schéma descriptif de la roche, nous arpentons le plateau rocheux à la recherche de gravures au sol, excités comme des gamins...la tâche est ardue car le temps a élimé la roche et parfois les traits sont à peine visibles.

Làaaaa, une baleine !!

C'est magique lorsqu'à nos pieds apparaissent des boucliers, des poissons, des feuilles, des lézards. Parfois, il faut parcourir une dizaine de mètres avant de retrouver un dessin perdu dans un coin. Parfois il est difficile de deviner ce qu'il représente. Puis plus à droite, une patte à l'envers... une deuxième à côté, un corps ramassé et un long cou :

nous avons trouvé l'émeu, qui est remarquablement bien représenté, quasiment à échelle 1. Notre plan indique deux autres petits morceaux rocheux sur lesquels sont gravés des kangourous. Après quelques pas au milieu des broussailles, nous y voilà : deux petits kangourous nettement reconnaissables. L'art du croquis des aborigènes est bluffant : simple et lisible comme un logo.

Nous avons passé en tout pas loin d'une heure à arpenter ce rocher, et ces dessins ont suffi à nous transporter ailleurs. Vive la randonnée culturelle !

ODE AU FERRY

Pittwater le 14 décembre

J'aime attendre le ferry à Pittwater. J'aime planter le drapeau rouge au bout du quai pour indiquer au conducteur que quelqu'un attend son passage. J'aime la balançoire géante accrochée à une branche à côté de Bells Warf. Et aussi la corde pour faire des sauts de tarzan pendue à un gros eucalyptus. On redevient enfant et l'attente paraît trop courte. J'aime aussi les rencontres fugaces sur les quais de Pittwater. Cette dame croisée en allant vers le quai de Tennis Warf, qui s'improvise guide touristique pour nous. « Where are you heading to? » ... « Have you seen the waterfalls? (No) ,« It's just 15 minutes walking, you cross a rainforest and it's on the left...etc... ». Allez, on prendra le prochain ferry.

Dans l'abri de quai en bois à Halls Warf, il y a des tas de vieux livres de toutes les couleurs avec la tranche jaunie. Je les regarde, je les feuillette, je ne sais pas exactement pourquoi ils sont là. Un monsieur d'une soixantaine d'années arrive sur le quai et commence à discuter. « C'est un échange de livres, nous dit-il », on prend un livre et on en remet un à la place ». Il attrape *Guerre et paix* : « Je l'ai déjà lu mais c'est pas grave, je le relirai ». « Est-ce que vous pensez que je peux en prendre un même si je n'en ai pas à donner? » « Bien sûr, prenez ! »

Je prends celui que j'avais repéré : *Waranumyua, l'histoire de Jack McPhee*, l'histoire vraie d'un métis aborigène tiraillé entre ses deux cultures. Ce livre restera spécial pour moi, il aura une histoire.

Dans le ferry-coquille de noix, nous continuons à discuter avec le monsieur. Il habite là depuis plus de 30ans. Il a une maison à Manly aussi. Il aimerait voir Paris, des amis à lui y ont passé les fêtes l'année dernière... il ne le dit pas mais pense qu'il est trop âgé maintenant pour partir si loin.

LE BACKPACKER DE BONDI

Bondi, le 15 décembre

Trêve de tranquillité ! Nous avons beaucoup à découvrir dans les environs de Sydney, aussi nous avons décidé de quitter l'idyllique Pittwater pour découvrir la côte Sud de Sydney, côté Océan. Autre ambiance...

La vie en communauté a ses charmes, mais plus le temps passe, plus on a du mal à les trouver. Il faut dire que notre backpacker à Bondi est le repaire de tous les jeunes irresponsables de la planète, surtout des français (crâneurs) et des italiens (qui parlent trop fort). Tout à fait notre style.

La plupart sont ici pour surfer, faire la fête et draguer. Pour preuve, il a suffi que je m'assois cinq minutes toute seule dans le salon pour qu'un jeune coq français vienne me faire son petit numéro de séduction, en anglais, pensant que je venais d'une contrée exotique, ce qui m'a bien fait rire (lui moins).

Du coup, l'ambiance est « cool », dans tous les sens du terme : les français se parlent à peine et se jaugent (qui a le meilleur anglais, lequel est le plus musclé, bronzé, a le plus de succès avec l'américaine, ou le plus d'amis...). Côté sanitaire, ça donne des crachas dans les douches côté homme, et des culottes qui traînent par terre côté fille.

Comme les salles communes se transforment en taverne à partir de 22h, nous avons établi un petit campement dans notre chambre, au plus grand bonheur des fourmis qui raffolent de nos restes de pizza « Big John » (une spécialité locale qui est en fait une assiette de charcuterie posée sur une pâte à pizza).

LA PLAGE DE TAMARAMA

Bondi, le 16 décembre

Une fois surmonté le handicap de la prononciation (rien à voir avec le « tarama » qui se tartine sur des blinies), la plage de Tamarama est très agréable, et je dirais typiquement australienne. On y accède par un charmant chemin de ronde, ponctué de joggeurs équipés dernier cri tentant de se délester de leurs derniers excès de bière, et de types bodybuildés qui exhibent leurs muscles sur le parcours santé (qui n'a aucun rapport avec les installations familiales en bois de chez nous).

En arrivant en surplomb de la plage, on découvre qu'elle dispose de l'indispensable espace pelouse-barbecue-toilettes-douches-table de pique-nique. Tout est là pour passer une bonne journée de plagiste.

La plage est courte avec des vagues pour candidat à la noyade ou débutants en surf, surveillée par de coquets « lifesavers » en jaune et rouge. Pas trop de frime ici, pour ça il y a Bondi beach. La plage de tamarama est à l'écart, ce qui lui donne un côté privé et sauvage, l'endroit idéal pour une séance photo de magazine, comme observé hier matin, ou pour exhiber un seyant complet panthère, maillot de bain plus sac à main.

À LA TRACE

Bondi, le 16 décembre

Retour de la plage : on croirait que l'abominable homme des sables est passé dans le couloir de notre chambre. C'est ça l'esprit Bondi.

HAUTS EN COULEURS

Bondi, le 17 décembre

Depuis le temps que nous traînons nos guêtres dans cette auberge (nous avons par malheur réservé dix jours !!! heureusement que les plages sont sympas), nous commençons à nous familiariser avec une galerie de personnages qui ne manquent pas de sel.

Il y a « l'homme invisible », d'un blanc presque transparent, crâne rasé, toujours en rouge avec des écouteurs verts, la troupe de marseillais (finalement plutôt sympas), le couple d'amoureux qui met des heures à manger à force de se prendre en photos continuellement et se jeter des regards attendris. Il y a aussi le punk à crête verte qui sort tous les soirs un ordinateur portable blanc de fillette, le surfer bronzé-musclé qui ne mange que des salades santé qui ont l'air délicieuses (j'essaye de copier ses recettes !) et puis l'américaine qui est venue seule et qui visiblement n'a pas l'intention de le rester.

PILLAGE

Bondi, le 19 décembre

Ce matin, mini-effervescence dans la cuisine suite à une affaire de vol. Il ne s'agit pas de bijoux ou d'électronique, mais de lait, de pain de mie, et autres denrées bien plus capitales dans la vie d'un backpacker. Une petite note placardée sur le frigo détaille les faits dans un anglais typiquement français, mi-humoristique, mi-menaçant. Elle commence par un « Dear food thief » pour terminer sur un PS très imagé : « If we catch you, we will f***** kill you ».

Cet incident n'a pas aidé à détendre l'atmosphère déjà peu conviviale, et chacun prend garde maintenant de surveiller de près son panier à provisions en plastique, ou d'emporter les denrées les plus précieuses dans sa chambre, même si c'est interdit, sûrement à cause des fourmis (dont nous avons maintenant un mal fou à nous débarrasser).

EFFETS SECONDAIRES

Bondi, le 21 décembre

La mer ici est exactement comme ce que je craignais, pleine de vagues hautes comme des immeubles à trois étages. Comme je regrette parfois de ne pas être partie un an autour de la Méditerranée...Du coup, je suis soumise à un dilemme à chaque sortie : dois-je suivre Gaspard qui s'amuse comme un fou dans les vagues, et ce au péril de ma vie, ou rester à attraper un cancer de la peau toute seule sur la plage ?

Un jour, ne tenant plus de chaleur, j'ai fini par me décider à m'approcher du monstre marin...tout ce que j'ai récolté, c'est de me retrouver trempée des pieds à la tête avant même d'avoir de l'eau aux mollets, et qu'une des vagues en s'éclatant sur moi a failli me briser les jambes. Pas convaincue.

Mais un jour Gaspard m'a dit qu'il fallait que je m'habitue aux vagues et que le mieux c'était d'aller plus loin, avant que les vagues n'éclatent. C'est là que j'ai cru que j'allais mourir pour de bon. Je ne pourrais même pas raconter précisément ce qui s'est passé car mon esprit, par souci de me préserver, a fait l'impasse sur cet épisode dramatique. J'ai su plus tard que c'est finalement Gaspard qui a failli se noyer car dans ma panique je me suis appuyée sur lui pour rester à la surface.

Bref, je suis rentrée sur la plage plus traumatisée que jamais.

Mais les vagues ont d'autres effets secondaires que de noyer les gens. Un jour que nous arpentions la plage, un petit papy à barbiche, fraîchement revenu de sa baignade, est venu nous accoster en nous demandant l'heure. En réalité, c'était plutôt une excuse pour nous faire un brin de causette. Hélas, il était tombé sur les mauvaises personnes, car passée la surprise de découvrir qu'on disait « Do you have the time, please ? » au lieu de « What time is it, please ? » , nous n'avons plus rien compris de ce qu'il nous racontait. Never mind, c'était l'occasion de s'entraîner l'oreille, tout en faisant plaisir à un gentil papy. Aussi, je me suis demandée pourquoi Gaspard était si distrait et cherchait tant à écourter la conversation.

J'ignorais alors que les vagues avaient un peu chamboulées le slip du monsieur, et que Gaspard se trouvait sacrément ennuyé : devait-il lui dire qu'il avait les « parties » à l'air, et surtout comment lui dire ?? En français, déjà ça aurait été on ne peut plus gênant, mais en anglais…il a finalement opté pour la fuite, solution égoïste mais préférable car qui sait si j'aurais pu me retenir de rire en voyant cela ?

CADEAU EMPOISONNÉ

Bondi, le 23 décembre

Pour nous autres jeunes vieux, la boisson du soir n'est pas la bière, mais la tisane. Pour satisfaire nos envies de boissons chaudes, nous avons craqué pour une nouveauté de chez Twinnings à l'appellation alléchante : «Exotic Delight Mango / Berries». Un affreux mélange de colorants et de saveurs artificielles à la fois hyper acide et insipide dont même les fourmis n'ont pas voulu.

En guise de reconnaissance pour les belles journées passées dans cette auberge, nous avons décidé d'abandonner le jour du départ notre trouvaille empoisonnée sur l'étagère « free food » de la cuisine. A peine avions-nous tourné le dos pour aller déposer nos bagages qu'une effluve de fruit artificiel nous est parvenue aux narines. Déjà adoptée ? Mais non, c'était une confusion entre parfums artificiels : l'odeur était celle d'un gel douche à la fraise, émanant des douches des filles.

N'empêche que de retour de la plage pour récupérer nos bagages, on a pu constater que l'appât avait fonctionné : plus trace de la délicieuse concoction sur l'étagère !

VOGUEZ, MATELOTS !

Sydney, le 02 janvier

Le matin de notre croisière sur le vieux gréement, une migraine ophtalmique m'a saisi à peine sortie de l'appartement. C'est là que je me suis rendu compte de mon stress intérieur à l'idée de passer une journée loin de la terre ferme. Le temps était chagrin, plus propice à une journée au chaud à boire du thé qu'à une épopée sur une mer qui promettait d'être houleuse. Mais après tout, nous ressentirions mieux la vraie vie des aventuriers d'autrefois bravant embruns et tempêtes.

Comme prévu les auras lumineuses ont fait place à un coquet mal de crâne. Migraine + mal des transports, dont je souffre même en train : tout concordait pour que cette croisière commence la tête dans un sac ! Pour conjurer le sort, je me suis allongée dans la soute au calme et au noir, dans les hamacs de l'équipage (encore de l'imprégnation).

Par bonheur, le mal de tête m'a lâché rapidement. J'ai pu assister sur le pont à la sortie du bateau de la baie, où des vagues nous ont ballottés allègrement. Au large, le temps ne s'est pas amélioré : plutôt qu'une journée d'été australienne, on se serait cru en Angleterre au mois d'octobre. Heureusement, nous avions du spectacle : les matelots en ciré rouge (car on n'est pas en Bretagne ici) ne chômaient pas : ils enroulaient et nouaient des cordes, grimpaient aux cordages et aux mâts, suivant un balai fascinant. Moi qui dans mon enfance collectionnait amoureusement les mini-maquettes de vieux gréements en m'extasiant devant le réseau de fils qui les parcouraient, c'était fou de se trouver dedans pour de vrai, au milieu d'une forêt de cordes grosses comme des serpents.

Et puis, en bons amis des marins, les dauphins sont venus nous faire un petit spectacle de sauts dans les vagues, en faisant bien attention de disparaître dès que la photo se déclenchait et de réapparaître en dehors du cadre.

Bien sûr, avec une houle pareille, tout le monde à bord n'a pas pu apprécier la croisière à sa juste valeur...D'ailleurs, c'est au moment où un pauvre irlandais remplissait sous nos yeux son deuxième sac à vomi que l'équipage a commencé à distribuer les repas sur le pont. Au menu : salades, pain, compote et fruits de mer (huîtres comprises !). Autant dire que la plupart des sachets repas, bien qu'appétissants, sont restés intacts. Malgré la pluie, le vent et les remous, j'ai choisi de manger, et à l'extérieur. Après tout, si l'on doit vomir autant que ce soit le ventre plein. Et croyez-le ou non, mon estomac est resté stoïque pendant tout le voyage.

Comme bien souvent, le spectacle était tout autant sur le bateau qu'à l'extérieur et du coup j'allais oublier le but de cette sortie en mer : suivre le départ de la célèbre course de voiliers Sydney-Hobart. Dès le début de l'après-midi, nos copains dauphins ont été remplacés par des embarcations de toutes sortes venues comme nous supporter les skippers. Puis nos guerriers des flots sont apparus, fendant la houle, et penchant tellement fort sous le vent que leur quille affleurait à la surface. Moi qui ne connaît rien à la navigation, je serais bien en mal de commenter la course : tout ce que j'ai pu juger, ce sont les voiles, rivalisant de couleur et de fantaisie. Ma préférée, celle en peau de zèbre, est d'ailleurs arrivée la première à Hobart.

Mon amateurisme n'était visiblement pas partagé par les autres passagers, qui ont failli nous faire chavirer en se précipitant tous d'un côté du bateau en criant lorsqu'un des voiliers nous a approché de près. Il faut avouer que c'était plutôt impressionnant.

Lorsque les voiles multicolores sont devenues des petits points à l'horizon, nous sommes retournés vers le port de Sydney, en passant sous le Harbour Bridge. Puis, nous avons visité les cabines des matelots et du capitaine, soigneusement reconstituées dans tous les détails, y compris la chemise de nuit du capitaine, toute en dentelles (autant dire que ça casse le mythe, qui aurait imaginé le capitaine Némo portant tant de fanfreluches ?). Les hommes, les vrais, n'avaient pas de secrétaires en acajou, ni de cabinet de toilettes et ils dormaient dans des hamacs. Le temps de faire le tour des petits secrets de la vie à bord, cuisine comprise, nous étions de retour au port.

Une chose est sûre, cette sortie en mer nous a permis de prendre notre dose d'embrun (voire même un petit rhume) et de raviver notre âme d'aventurier. Enfin, moi perso, même si j'adore les cordages et les dauphins, je crois que j'aime autant l'exploration par voie terrestre.

WANTED : ALPACA FARMER

Sydney, le 04 janvier

En farfouillant sur Gum Tree, le site number one des petites annonces aux pays des kangourous, nous sommes tombés sur une proposition de boulot intrigante :
« We are an alpaca farm...we can offer an accomodation in exchange of 3 or 4 hours of work a day...etc.. ». A 1h30 de Sydney en train, au pied des Blues mountains.

Connaissant l'expérience du capitaine Haddock avec ces bestioles, j'aurais dû laisser tomber tout de suite. Mais c'était trop tard, ma curiosité était piquée : en voilà une expérience originale ! Gaspard n'était pas trop chaud, il avait peur que ce soit un peu de l'exploitation. Moi très pro, je me suis dit qu'au pire, ça ferait des trucs à raconter pour mon carnet de voyage.

Nous avons donc envoyé un petit message de prise de contact.

MON CV DE FERMIÈRE

Sydney, le 05 janvier

Mercredi matin : une réponse des lamas !! Un mail d'une certaine Debbie nous demandant d'envoyer des CV avec photos. En en-tête, nos noms sévèrement amputés : « Hi Cap and Gas ». Eh oh, on n'a pas (encore) gardé les lamas ensemble !

Voilà donc comment on s'est retrouvés à faire des CV pour aller travailler dans une ferme. Niveau formation et expérience professionnelle, on était un peu embêtés. On a donc dû se rattraper sur la catégorie « Skills » pour mettre en avant nos aptitudes au labeur, et bien sûr notre amour du grand air et des bêtes poilues. Je me suis par contre gardée d'avouer que, quand j'étais petite, j'avais la spécialité de crêper la crinière de mes Petits Poneys à force de les brosser.

Un petit envoi à Deb (pour la revanche) et il ne reste plus qu'à attendre...

LAMAS OU PAS ?

Sydney, le 07 janvier

Vendredi : toujours pas de réponse des lamas. On a vu sur Gum Tree que l'annonce a été vu 2700 et quelques fois, et on se dit qu'on n'a pas convaincu avec notre CV d'apprenti farmer parisien...

Bon, alors, c'est quoi le plan B ?

ALLÔ ?

Sydney, le 08 janvier

Samedi : grosse chaleur. Je suis affalée sur le lit, en mode « Oh mon dieu, c'est affreux, je me sens inutile, il faut que je travaille !! », et sur ce, mon téléphone sonne : c'est un numéro inconnu.

Panique à bord ! Le temps de me décider si je décrochais ou pas, la sonnerie s'est arrêtée…Après m'être débattu un bon quart d'heure avec ma messagerie australienne qui me demandait des tas de mots de passe, j'ai enfin pu écouter ce que ça racontait. Puis réécouter trois ou quatre fois de suite avant de comprendre quelque chose. J'en ai retiré trois mots clés : Peter, Madison, farm et un numéro à rappeler. La ferme des lamas, youpi !!!

Mais me voilà bien, il faut que je rappelle et ce sera mon premier coup de fil en anglais. Après avoir tourné deux heures autour du téléphone, je me suis enfin jetée à l'eau… Pour commencer, c'est pas Peter qui a répondu (et vlan, tout mon petit discours préparé à terre). Ensuite la fille m'a débité une phrase incompréhensible, et j'ai dû lui demander de tout répéter (au risque de démentir mon CV : «english spoken»). Au final, on a réussi à se comprendre : Peter allait me rappeler, no worries.

Mais dimanche est arrivé sans qu'il ne m'ait rappelée… Alors, n'écoutant que mon courage, je prends mon téléphone et je m'y recolle. Cette fois tout est allé comme sur des roulettes. Nous devions nous retrouver avec une autre fille, une anglaise en sac à dos, comme nous. Idéal pour « practicer » notre anglais ! Rendez-vous le lendemain matin à la gare de Richmond pour démarrer cette nouvelle aventure ! Ça tombe bien, on ne savait pas où dormir ces prochains jours.

ALPACA FARMERS
BLUE MOUNTAINS - SYDNEY

09 janvier - 27 janvier

BIENVENUE À LAMA LAND

Sydney, le 09 janvier

Aujourd'hui est un grand jour : nous allons enfin commencer à travailler et nous prenons pour la première fois un train australien. On croise les doigts pour que la signalétique soit plus claire que dans le bus (ce qui n'est pas vraiment le cas). Mais nous sommes experts en jeux de pistes maintenant et le train pour Richmond ne nous échappera pas.

Finalement, de Pétaouchnok à Sydney, toutes les gares sont pareilles : des quais, des gens qui attendent, des panneaux lumineux et de jolies voix d'annonces. Par contre ici, les trains ressemblent à des boîtes de sardines, les anciennes, cannelées en fer blanc. Et puis à l'intérieur, avec le bruit des amortisseurs, on a l'impression d'assister à un concert de jouets pour chien (skouik skouik... skouik skouik...). So cute !

1h30 plus tard, le concert est terminé, nous arrivons à Richmond. Peter doit nous récupérer à la gare mais auparavant, il nous faut de quoi remplir notre frigo de travailleurs, car comme dit ma mère, un sac vide ne tient pas debout. Pour la viande et pour les pulls, déjà, on sait qu'on aura ce qu'il nous faut. Mais pour le reste, il faut qu'on se ravitaille.

Bardés comme nous sommes, au supermarché nous avons l'air d'éléphants dans un magasin de porcelaine. Et pour finir de nous faire remarquer, nous avons fait sonner les portiques de sécurité en sortant ! La caissière n'ayant pas voulu se fier à nos bonnes têtes, nous avons dû déballer les sacs à dos pour prouver qu'on n'avait pas caché un paquet de cacahouètes au milieu de t-shirts et de chaussettes compressés...

Notre honneur quelque peu entaché, nous réquisitionnons un arrêt de bus entier pour nous étaler, notre chargement et nous-mêmes, à l'abri des rayons impitoyables du soleil, tout en jetant un œil aux alentours pour tenter d'apercevoir une anglaise bardée d'un sac à dos ou une Jeep bleue.

Finalement, c'est Ruth, la femme de Peter, qui vient nous chercher. Elle a le look d'une citadine convertie de force à la vie rurale. A bord de la jeep bleue, nous quittons la plaine pour grimper dans la montagne, tout en discutant avec Ruth, lorsque le bruit du moteur ou notre parfait « english spoken » nous le permet.

Vingt minutes plus tard, nous entrons à « Lama land ». L'endroit est charmant : des arbres, des prés où l'on aperçoit des lamas en train de paître, un étang avec des canards, et des petits bungalows en bois disséminés sur le terrain. Le nôtre est tout au fond, vue sur le bush[1] : à l'intérieur, c'est au-delà de nos espérances. Logement 4 étoiles, comme pour les clients. Grand salon avec canapé, TV et lecteur DVD,

---

[1] *Voir Glossaire du Bush, p. 333*

grande salle de bain équipée comme à l'hôtel, chambre avec baie vitrée et lit King size chauffant, et grande terrasse ombragée...Avec Gaspard on se regarde et on pense la même chose : et si on restait plus d'une semaine ?

Les bonnes surprises continuent. À notre disposition : piscine de 20 mètres avec SPA et solarium, terrain de tennis, petit billard, internet gratuit, des tas de bouquins et de DVD à emprunter...

Zut, j'aurai rien de marrant à raconter...

QU'EST-CE QU'UN LAMA ?

Blue Mountains, le 10 janvier

Un lama est une drôle de bestiole hybride : les onglets et la tête du chameau sur un corps de mouton, avec les multiples estomacs de la vache, et le cou d'une autruche. Quant au cri, il est aussi emprunté, mais à moi cette fois : un gémissement doux et plaintif qui ressemble paraît-il au bruit que je fais en dormant (je suis plutôt rassurée car c'est un bruit très mignon). Finalement, il n'y a qu'une chose qui soit spécifique au lama : l'amour du crachat.

Le mieux dans le lama, et plus particulièrement l'alpaga (celui qui sert à faire des pulls), c'est sa fourrure douce comme du coton. Le hic, c'est qu'il n'aime pas trop les câlins. Ni les tap-tap du doigt sur le nez (je me suis fait asperger dans la seconde pour avoir osé faire ça).

Niveau intelligence, vu la proportion de la tête par rapport au corps, on se doute bien que c'est pas mirobolant. Cependant, ils ont tous une personnalité et une expression différente. Certains ont l'air plus éveillés ou plus doux, certains ont le regard vide, d'autres le regard hautain.

Je crois qu'ils vont bien me faire rire.

COMMENT DEUX PULLS S'ACCOUPLENT

Blue Mountains, le 12 janvier

Aujourd'hui, une lourde tâche nous attend : amener ces messieurs visiter ces dames afin de vérifier que celles qui sont pleines le sont bien, et s'assurer que celles qui ne le sont pas le soient bientôt... Pour ça, rien de tel que le «test du crachat» : le mâle se verra repoussé par les femelles déjà pleines d'un jet en pleine figure. Ils sont comme ça les lamas, impulsifs ! Bien sûr, il n'est pas exclu que le jet atterrisse sur notre figure à nous. Il peut aussi arriver que quelques coups de pied se perdent dans nos tibias...

Nous sommes pour aujourd'hui sous la houlette de Debbie, qui a le look improbable des gens qui s'en secouent : cheveux en vrac, grosses lunettes des années 80 et chaussettes de ski dans les sandales. Pas étonnant qu'elle nous ait trouvés très propres dans nos vêtements de randonnée Quechua.

Debbie ne rigole pas avec les lamas. Elle nous dirige à coup de vocabulaire fermier que je ne comprends pas ; du coup, notre première manœuvre pour isoler certains mâles du troupeau à l'aide d'une corde tendue tombe complètement à l'eau. Les bestiaux sont moins imposants que des chevaux mais pas aussi dociles que des moutons. Nous devons sans cesse faire face à des tentatives d'insurrection. Sans compter la menace du crachat qui pèse sur nous : depuis que je sais qu'il ne s'agit pas de salive mais d'un rejet gastrique, je me tiens à distance.

Au bout de quelques minutes de corde à sauter, les bestiaux qui nous intéressent sont parqués, ficelés dans leur licol et prêts à aller au combat. Me voilà flanquée du mâle surexcité que je dois trimballer au licol (enfin c'est plutôt lui qui me trimballe) jusqu'au paddock des femelles. Si on m'avait dit qu'un jour je ferais du ski sur herbe traînée par un lama...Heureusement, arrivée sur place, j'ai pu m'en débarrasser en l'attachant à une barrière.

Même manœuvre dans le paddock des femelles. On doit en rabattre quelques-unes dans l'enclos où elles vont voir le loup. La chose dure entre 25 et 10 minutes. Pendant tout ce temps, le mâle pousse en continu un bruit de voiture de course. Quant à la femelle, elle attend gentiment que ça passe en regardant à droite, à gauche. Parfois elle pose son cou par terre, parce que bon, c'est un peu long tout ça. Elle a l'air de s'ennuyer ferme.

J'ai eu l'honneur de récupérer la première femelle accouplée et d'aller la promener un peu au licol pour que la fécondation soit au top. Seulement la malheureuse, allongée et exténuée, a décidé de faire la grève des jambes. Cris d'encouragement, tirage sur la corde (qui m'est restée dans la main, c'est dire la résistance de la bête), poussage au derrière, soulevage de l'arrière-train avec le pied puis à deux mains...rien ne pouvait l'ébranler. À court d'idées, j'aurais bien laissé tomber l'affaire mais ça avait l'air très important qu'elle se dégourdisse les pattes, alors j'ai relevé mes manches et entrepris de la soulever toute entière à la force de mes petits bras. Le plus incroyable, c'est que non seulement j'ai réussi à la soulever (il y en a là-dedans mine de rien !), mais que la sale bête n'a pas daigné déplier ses pattes !!! J'ai donc dû la reposer par terre telle quelle, c'est-à-dire raide comme un tronc d'arbre.

Finalement, on a dû s'y mettre à deux pour qu'elle se décide enfin à coopérer. Tout ça pour qu'elle se réaffale deux mètres plus loin, et ainsi de suite pendant bien un quart d'heure.

Pendant ce temps, dans le paddock, le mâle blanc continuait activement son travail. On s'est rendu compte qu'en réalité, il n'y avait qu'un mâle reproducteur : Roketman, le beau gosse du troupeau avec sa superbe moumoute frisée sur le haut de la tête. Les autres ne sont là que pour assister au spectacle, en s'excitant tout seuls à la barrière. J'ai eu une petite pensée émue pour mon lama qui avait l'air si impatient de participer à la fête...

Par la suite, j'ai eu d'autres femelles à promener, dont une absolument adorable qui marchait toute seule et très volontiers, à qui je pouvais faire des papouilles sans qu'elle me crache dessus. Pour finir, je me suis coltinée une petite peste, qui refusait d'avancer dans certaines directions, qui me regardait dans les yeux d'un air insolent et faisait régulièrement des tentatives d'évasion. Tandis qu'à côté une petite femelle marron trop rigolote faisait des galipettes dans l'herbe. Gaspard, quant à lui, a profité, je ne sais trop comment, de ces tête-à-tête avec la bête pour s'entraîner aux arts martiaux.

À 14h, tirant un trait définitif sur notre pause lunch, on a attaqué la phase finale, la plus sympa : capturer les bébés et les mettre dans le paddock central. Des proies faciles, qui ne donnent pas de coups de pied, ne courent pas trop vite et si douces à tenir dans les bras…de vrais pulls ambulants ! Les pauvres bestioles étaient là en fait pour se faire vacciner, répertorier et cataloguer en comparant la couleur de leur futur lainage à celle d'un nuancier. On se serait un peu cru chez Leroy Merlin en train de choisir la couleur de la moquette pour aller avec le papier peint.

Après cela, notre mission était terminée, on a pu faire un bilan des dégâts : mon débardeur blanc et mon bras étaient barbouillés de crachats marrons avec des bouts d'herbe, la jambe de Lorraine portait la trace d'un sabot (d'un onglet, pardon).

Si on résume, pour travailler dans une ferme de lama, il faut être à la fois culturiste, compagnon de promenade, maquereau, nounou, apprenti véto et coloriste. La vie de farmer n'est pas une sinécure !

RECRUTEMENT DANS LE SECTEUR DE LA FLEUR

Blue Mountains, le 16 janvier

Samedi après-midi : nous sommes dans la salle commune en train de goûter au juste repos du travailleur, lorsqu'un homme couvert de terre pointe sa tête à la porte :
«Hi guys (oui, moi aussi je suis un « guy »!!), would you like to work tomorrow? We need people to plant flowers... »

Là je brode un peu car en réalité je n'ai rien compris de ce qu'il a raconté, à part trois mots : « guy », « flower », et « work ». Du coup, j'ai cru qu'il nous parlait de l'offre d'emploi affichée à Tutti Frutti, le café plus loin sur la route qui vend aussi des fleurs...

En fait, c'était pas du tout ça : il nous proposait d'aller fleurir le champ d'en face demain matin aux aurores, pour \$12 de l'heure cash. Heureusement que Gaspard a l'oreille pour déchiffrer le parler australien...

On a dit oui, sans réfléchir trop longtemps. Après, je me suis souvenue de ces pauvre bougres cassés en deux au dessus de rangs de terre, aperçus l'après-midi même sur la route menant à Tutti Frutti...Je m'étais justement dit que j'aimais mieux être à ma place, me dirigeant vers une succulente glace aux fruits rouges, qu'à la leur en train de cramer en plein soleil...

Et bientôt ce sera qui le pauvre bougre ?...si demain j'en aperçois un sur le bas-côté qui me nargue une glace à la main, je le lapide à la motte de terre !

HUIT HEURES EN TERRE

Blue Mountains, le 17 janvier

Quoi de plus charmant que de cueillir des fleurs dans un champ, n'est-ce pas ? Et planter des fleurs dans un champ, c'est comment ? Pour satisfaire notre insatiable curiosité, et remplir un peu nos poches, nous avons rendez-vous à 7h du mat' dans le champ d'en face.

7h
La plupart de nos co-workers sont déjà au travail. Il y a un peu de tout : trois-quatre gars balèzes et une dame du coin, deux ados, les deux allemandes qui viennent d'arriver à la ferme des lamas, nous et Lorraine. Niveau outillage, c'est comme au bon vieux temps : un bout de bois pour faire des trous, une main pour attraper les bébés plantes et les poser dedans et deux mains pour tasser la terre autour du plant. Pour des raisons de rentabilité, chacun ne fait qu'une action, et vu le nombre d'allées qu'on doit planter, ça promet d'être répétitif...

L'ambiance est studieuse mais décontractée. Bien que le décor rappelle un film sur les champs de coton en Louisiane, il n'y a pas de contremaître armé d'un fouet. Juste le proprio qui passe de temps en temps nous conseiller sur la technique du tassage de terre.

10h30

Mains terreuses ou pas, on ne déroge pas au « morning tea », qui est offert dans la grange entre le camion rempli de fleurs, les chiens, les chats et un tas de bric-à-brac. J'aime cette atmosphère bon enfant et si inhabituelle...j'ai l'impression d'être une journaliste en mission d'infiltration !

11h

Toute pause ayant une fin, je continue mon enquête au milieu des rangs de terre. Plus le temps passe, plus elle sèche : elle fait des grosses boulettes tellement dures qu'on croirait des cailloux. J'en suis malade pour les pauvres petites fleurs qu'on plante : avec leurs trois feuilles et leur tige maigrelette, je me demande comment elles vont pouvoir survivre...En attendant, ce sont mes doigts qui morflent à force de patrasser la terre pour leur faire un nid. Bien entendu, je n'ai pas pensé à me couper les ongles, et ils sont transformés en pioches, au sens propre cette fois. Sans compter la peau autour qui se barre dans tous les sens. Quant à mes jambes, c'est tout juste si je les sens encore à force d'être pliées. Gaspard, lui, a été désigné trouyoteur depuis le matin et il rêverait de s'assoir.

13h

Après une omelette aux patates pas cuites avalée chez nous en quelques minutes, le retour à la ferme horticole est laborieux (c'est là que le nom prend tout son sens). Mes jambes qui ont déjà eu grand peine à me porter jusqu'ici me mettent carrément au supplice, tandis que le soleil me martèle la tête. Au bout d'une heure, j'ai bien cru que j'allais donner ma reddition, et pourtant c'est pas mon style. Mais c'est sans compter sur l'entraide internationale : grâce aux Beatles et la technique du planter assis divulguée par les deux allemandes, j'ai retrouvé mon esprit combatif, et finalement, c'est les écouteurs aux oreilles et le fond de pantalon traînant par terre que j'ai pu terminer glorieusement mes rangs de fleurs.

A 17h, soit après 8h de travail acharné, les milliers de saletés de plants sont en terre. Le sourire aux lèvres, la sueur au front, maculés de terre, nous sommes tous là, regardant avec fierté les vertes pousses alignées. Ça sent le « happy end » à l'américaine : il ne manquerait plus qu'on se serre tous dans les bras et qu'on lance nos chapeaux en l'air. Certes, on n'a pas sauvé la nation, mais grâce à nous, les mamans australiennes auront de beaux bouquets de fleurs sur leur table le 9 mai, jour de la Fête des Mères, et ça c'est beau quand même.

Quant à nous, la prochaine fois qu'on passera devant un fleuriste, on ne pourra s'empêcher de penser à tous les dos cassés, jambes ankylosées et mains écorchées qui se cachent derrière ces si jolis bouquets !

J'ADORE JOUER AU MIKADO

Blue Mountains, le 18 janvier

Lendemain de notre journée de labour. Après une bonne nuit de 10h, le lever est raide au sens propre du terme...c'est à peine si je tiens debout. L'ouest de ma jambe gauche est insensibilisée et du coup je n'arrive plus à articuler mon pied vers le haut. Lorsque je marche, il traîne misérablement et fait flap flap sur le sol.

Ça tombe mal, aujourd'hui nous devons travailler deux heures de plus pour rattraper notre journée d'hier passée chez la concurrence. Nous comptons donc sur la clémence de Peter pour nous confier un travail pas trop physique... Hélas, lorsqu'il nous présente nos outils du jour, ce ne sont pas les aspirateurs ou éponges espérés mais une scie, une hache et des cisailles...La mission : déblayer un immense tas de branches sauvagement arrachées à la pelleteuse et les balancer au fin fond de la propriété. Haut les cœurs !

Après nous être échinés à tirer sur des branches qui ne bougeaient pas d'un centimètre, nous avons dû nous rendre à l'évidence : ce qui nous attend, ce n'est ni du déblayage ni du bûcheronnage, mais une partie de mikado ! Et pas un classique : un mikado frisé ! Peter s'est trompé d'outils : ce qu'il nous faut, c'est un peigne géant pour venir à bout de cette touffe emmêlée...

Tandis que je sue sang et eau, je pense à Michael Thonet qui, dans les années 1830, a galéré à sortir sa chaise en bois courbé alors qu'il existe un arbre qui fait ça tout seul...Des branches incurvées selon tous les angles et même parfois à angle droit : le paradis de l'ébéniste, l'enfer de l'élagueur. Car hélas, nous ne sommes pas là pour refaire le mobilier des bungalows...

Après le lunch, Peter a eu pitié de nous et est venu écraser et disperser tout ce méli-mélo avec la pelleteuse. Même la machine en a bavé, c'est dire ! Après cela, le travail n'était pas facile mais faisable. On a donc pris nos courbatures à deux mains pour soulever, tirer et couper tout ce petit monde.

Deux fois six heures de travail ! Et je ne compte pas les litres d'eau, de transpiration, les dizaines d'éraflures sur les bras et les jambes, et les Magnums Choco Bikkie que ça nous a coûté.

DE NOUVEAUX HORIZONS

Blue Mountains, le 19 janvier

Ce matin, ça fait plus d'une semaine qu'on est à «Madison» et c'est la première fois qu'on reste si longtemps au même endroit.

L'heure est au bilan : nous savons comment se « fabriquent» les pulls, comment les nourrir, comment planter des fleurs, comment désherber en enlevant les racines (sans prendre des coups de soleil en forme de string dans le dos), et comment charrier des pierres (sans énerver les fourmis qui nichent dessous). Nous avons la marque du t-shirt, des égratignures partout et des muscles en plus dans les bras. Pas de doute, notre éducation de fermier est faite ! What's next ?

Eh oui, que voulez-vous ? on a la bougeotte ! On a beau avoir des pommes Grany Smith qui poussent à portée de notre balcon, une piscine et un spa pour nous tout seuls, internet gratuit et un lit king size chauffant, l'inconnu nous appelle ! Mais de l'inconnu, il y en a tellement en Australie...on nous a parlé de Melbourne pour la vie culturelle et ça nous titile d'y faire un tour...après tout, ce n'est qu'à 1000 et quelques kilomètres !

Alors que nous élaborons des plans d'évasion farfelus et brouillons, la solution nous vient par satellite : le téléphone de Gaspard sonne. À l'autre bout, c'est Evelyne, notre bonne fée rencontrée à Sydney, qui nous apprend qu'une place se libère dans un lodge tenu par des amis à elle. Elle leur a parlé de nous, on n'a plus qu'à les appeler.

« But you know, it's very isolated, it's in the bush ! » Pas de problème, ça nous fait pas peur la cambrousse. En fait, renseignements pris sur la localisation du lodge, ce serait plutôt « brousse » que « cambrousse »...à 1400 km de Sydney, à l'intérieur des terres, à 110 km de la moindre ville et à 40 km du voisin le plus proche.

On se regarde bouche bée et sourire aux lèvres : en voilà une aventure excitante !! Le « deal » a l'air des plus avantageux : logés, nourris, blanchis et payés à l'heure. Le seul hic, c'est que ce n'est pas la saison touristique vu qu'il fait des températures épouvantables, et du coup, au cas où on résisterait à la chaleur, on n'aura pas du travail tous les jours. Qu'importe, une occasion comme celle-là, pas moyen de la laisser passer. L'Outback[1] nous attend !

Ah, que les branches vont nous paraître légères aujourd'hui !

---

[1] *Voir Glossaire du Bush, p. 334*

RETOUR À LA CIVILISATION

Sydney, le 22 janvier

Comme Rousseau avait raison !

À deux heures de train de la quiétude de Madison, Sydney nous revient à la tronche comme une grande claque. On se sent agressés de tous les bords : les immeubles délabrés du quartier de Central Station et le va-et-vient constant nous écorchent les yeux, les effluves confinées de la ville nous polluent les narines, le vacarme de la circulation nous vrille les oreilles et le poids du sac à dos nous écrase. Au secours !!! Pour sauver le dernier de nos sens pas encore touché, il faut que je me mette en quête d'un banana bread illico...

Heureusement pour notre dos, l'hôtel en promo qu'on a réservé est à deux encablures de la gare...Et en arrivant devant, je réalise que c'est exactement le type d'hôtel pourri de centre-ville que j'ai souvent croisé en me demandant ce que ça donnait à l'intérieur. C'est l'heure de vérité !

Après avoir pris possession de notre clé dans une réception à mi-chemin entre un hall de lycée et d'hôpital, nous pouvons commencer la visite. Dans la salle d'attente, pardon le salon, le poste internet promis sur le site est bien là, depuis des dizaines d'années visiblement...En face, l'ascenseur nous attend pour nous emmener au 2ème. Dans l'ascenseur depuis bien une minute, on commence à se demander combien d'étages cachés se trouvent entre le rez-de-chaussée et le 2ème... En fait, aucun (quoique, on sait jamais...) : c'est juste que l'engin n'est pas vraiment pressé. Pas grave, on saura la prochaine fois qu'on a le temps d'aller regarder nos mails le temps que l'ascenseur se rapplique.

Enfin arrivés au bon palier, pour aller jusqu'à notre chambre, c'est tout simple : on prend la première à gauche, on descend trois marches, on tourne à 180° à droite, on monte deux marches, on continue tout droit et ça y est ! Faut pas chercher où Tati a puisé son inspiration pour la maison de M. Hulot... Dans les couloirs, le plancher craque, pas un des murs n'est droit et niveau odeur ça donne un mélange entre clope refroidie et produit d'entretien...vraiment intéressant !

La chambre, quant à elle, est d'un dépouillement des plus contemporains. Une table basse avec le frigo dessus et deux tabourets Ikea en guise de table de nuit, les murs et le plafond blancs, et pour la touche «Valérie Damidot» un dessus de lit en moumoutte violette (oui oui)... Et la vue ? Sublimement urbaine : en face, de l'autre côté de l'avenue, un parking de quatre étages avec ses beaux poteaux en béton et ses carlingues qui brillent. Et puis juste dessous, à hauteur de fenêtre, les trains qui passent.

Nous ne nous attardons toutefois pas à la fenêtre car

nous brûlons de découvrir le reste de l'hôtel. Après avoir séché notre paquet de cookies (fallait bien ça !), la visite continue donc... L'ensemble est plus propre qu'un backpacker mais sans aucun souci de convivialité, et tellement désert qu'on croirait que tous les clients ont fui une mystérieuse épidémie. Il y a une cuisine commune, ce qui devrait être un plus, mais vu qu'il n'y a pas de bouilloire, ni de vaisselle... Je n'en connais pas beaucoup qui aimeraient manger avec les doigts dans des casseroles pas nickels.

Quant à la salle télé, c'est la cerise sur le gâteau : un vieil écran minuscule encastré tout en haut d'un mur avec, cinq mètres plus loin, perdu au milieu de la pièce vide, un canapé qui ne donne pas la moindre envie de s'asseoir.

Un lieu totalement déprimant, mais qui bizarrement nous a mis dans une frénésie créative. Après avoir canardé de photos le fil du ventilateur, l'interrupteur solitaire et l'ampoule dénudée au plafond, nous nous sommes jetés sur nos carnets de croquis respectifs. Bah oui, il n'y avait plus de cookies !

UN PAS EN AVANT, TROIS PAS EN ARRIÈRE

Sydney, le 23 janvier

Dans la série « la loose », la relocation de voiture qu'on prévoyait de faire nous est passée sous le nez...Ne nous reste plus que notre plan B : prendre un bus Greyhound pour aller jusqu'à Mildura, d'où nos futurs boss viendront nous chercher. Un départ par jour, 17h de trajet, le top !! Mais le temps de s'enfiler un tas de pancakes à tomber par terre dans un café bobo-branché de Surry Hills, de regarder sur internet les campings à Mildura, de se renseigner sur les tarifs du bus à la gare, de revérifier les campings depuis le McDo de Central Station, notre plan B nous a lui aussi filé sous le nez : plus de places dans le bus !

Vraiment, toutes les excuses sont bonnes pour rester une nuit de plus dans notre coquet hôtel. Quelques heures après notre check-out, nous sommes donc revenus faire le check in. Même chambre, même vue pittoresque, même moumoute violette (oui, on ne peut plus s'en passer, même s'il fait une chaleur à crever). Et puis pendant qu'on y était, on a gaspillé $24 et 3h à aller voir Avatar en 3D au ciné. Allez, je suis un peu dure car cela nous a quand même permis d'avoir une conversation cinématographique intéressante sur l'art du recyclage à grand moyen. Et de rigoler avec nos lunettes 3D.

BUS TRIP

Sydney, le 24 janvier

Cette fois, c'est la bonne, nous partons ! 17h de bus nous séparent de Mildura, notre prochaine destination à la frontière du Victoria et du New South Wales, à 1200 km de Sydney. Les 5h de train pour rallier Annecy et Besançon me paraissaient déjà interminables, je n'ose pas imaginer l'effet produit par un voyage trois fois plus long dans un bus au confort indéterminé...

15h10
Sur le trottoir devant le bus, des tas de jeunes backpackers et leur barda de 70 l attendent l'embarquement avec à la main le même sac pique-nique contenant des chips, des M&Ns et une bouteille d'eau. Le casse-croûte classique du « voyage scolaire » ne connaît pas de frontière.

15h25
On embarque. Là par contre, ce n'est plus comme à l'école, le premier arrivé n'est pas le premier servi. Les places sont numérotées et attribuées. Nous voilà fourgués dans le fond, à côté des toilettes, dans le coin poids lourds et bonnes odeurs. Devant les genoux de Gaspard un vieil aborigène proéminent, qui a visiblement décidé de faire tout le voyage allongé avec sa couverture en polaire. Nous notons rapidement une tendance au ronflement.

À ma droite, de l'autre côté de l'allée, deux néo-zélandais de deux mètres cubes chacun, censés tenir côte à côte sur leur siège, ce qui est contre les lois de la physique. Le jeu de la chaise musicale dans laquelle ils se lancent à chaque fois qu'une place se libère n'amuse personne, surtout pas moi car ils menacent de me tomber dessus dès qu'ils se lèvent. Et comme je ne tiens pas à finir étouffée sous un néo-zélandais au fond d'un bus Greyhound, je me recroqueville discrètement dans mon siège en vue de l'impact. Gaspard me souffle que se sont des Samoas, ce qui ne change rien à la précarité de ma situation, mais qui m'aide à comprendre pourquoi ils sont si impressionnants. Rien que leurs pieds sont tellement gros qu'une tong peine à les contenir. Ils portent tous les deux une serviette nouée autour de la taille en guise de pantalon, ce qui n'est pas non plus pour me rassurer.

Niveau paysage, ce n'est pas déplaisant : d'abord les Blue Mountains touffues d'eucalyptus, puis les pâturages du bush, une réminiscence de Normandie en temps de sécheresse. C'est la première fois que nous éloignons tant de Sydney.

20h30
L'heure du diner australien est passé de 2h lorsqu'on arrive en vue de notre ville étape : la fameuse Canberra. Rappelez-vous la question piège préférée des profs d'histoire-géo : quelle est la capitale de l'Australie ? Nous ne sommes pas déçus par Canberra, car on nous avait prévenus : ça a beau être la capitale, il n'y a pas grand chose à en tirer. Néanmoins, cette ville a le charme attendrissant d'une ville

de province un peu bâclée. Et puis, il y a du banana bread, je n'en demande pas plus.

22h

Ça se gâte. L'aborigène ne ronfle pas, il parle en dormant. Et c'est bien plus effrayant car on croirait quelqu'un qu'on égorge. Quant au Samoa le plus balèze, il a visiblement décidé de se dégourdir les jambes debout à côté de mon siège, ce qui multiplie par trois ou quatre mes chances d'être aplatie comme une crêpe au prochain virage. Parfois, on s'arrête pour larguer quelqu'un en pleine cambrousse et en pleine nuit.

00h

Pause minuit dans une station essence paumée au milieu de nulle part. Il n'y a pas grand chose à faire, à part écouter les vaches braire de désespoir dans une bétaillère garée à côté et regarder les néons briller. À la sortie du bus, j'ai remarqué que notre voisin aborigène a une telle broussaille de poils blancs sur les bras qu'on croirait du lichen sur une branche.

01h00

Dans le bus, on respire mieux car la moitié des gens ont pris la correspondance pour Melbourne ou Brisbane (pas fous !). Les samoas se sont dispersés et moi-même je squatte sur la banquette de derrière pour tenter de dormir plus ou moins allongée. Niveau sommeil réparateur, c'est pas trop ça : je suis réveillée tantôt par quelqu'un qui pousse mon pied pour accéder aux toilettes, tantôt par ma tête qui se cogne contre la vitre en tombant, et tantôt par les cris de l'aborigène qui semble faire d'affreux cauchemars.

Finalement, quand je me réveille (signe que je me suis quand même endormie), nous sommes arrivés au lieu de notre pause petit déjeuner. Une road house des plus décrépies, à 6h du matin alors que les lueurs de l'aube font apparaitre un paysage désertique ponctué de petits buissons et d'arbres ras. Surnaturel....Tandis que nos compagnons de voyage prennent bêtement un petit-déjeuner sur une table en formica marron dans une salle à manger digne d'un film de Tarentino, nous mitraillons de photos ce petit coin atypique et les lumières naissantes. Pour ma part, l'expérience du thé Ceylan à l'arrière-goût de terre moisie me suffit. Bien que je sois juste à côté des toilettes dans le bus, je ne tiens pas à tester les œufs au plat ou les saucisses.

06h30
Nous reprenons la route tandis que les premiers rayons du soleil pointent. Le paysage est vraiment différent de tout ce qu'on a vu auparavant. On est ni plus ni moins dans la savane : à perte de vue des herbes hautes sèches, des arbustes grisonnants qui ressemblent tantôt à des brocolis géants, tantôt à des bonsaïs. Niveau population ou faune, il n'y a pas foule, là-dessus on ne nous avait pas menti. Même pas un kangourou écrasé sur le bord de la route.

09h30
Nous arrivons à Mildura, une ville décrite dans le Lonely Planet comme une oasis en plein désert. Le chauffeur

nous fait une petite blague en garant le bus sur le parking en terre battue d'une zone industrielle qui n'a vraiment rien d'un oasis. Finalement, il s'est décidé à nous larguer dans un endroit décent : le visitor center[1]. Nous avons dit adieu à notre bus rouge, récupéré notre barda et commencé à nous demander où on allait dormir le soir.

---

[1] *Voir Glossaire du Bush, p. 336*

MON ESTOMAC ME PERDRA

Mildura, le 25 janvier

11h

Nous réalisons, un peu tard, que notre camping est complètement excentré. Pas le choix, vu le poids de notre barda, c'est le taxi ou rien. En regardant par la vitre, je repense à la description de Mildura dans le Lonely Planet. Oasis, oasis ! Apparemment, on n'a pas la même notion de l'oasis, car Mildura n'a rien de particulièrement verdoyant… La ville ressemble à un village californien paumé à l'heure de la sieste, et des rives de la Murray river, il ne faut espérer aucune fraîcheur : des herbes sèches, des eucalyptus grisonnants et des buissons prêts à jeter dans le feu.

Malgré la sécheresse environnante, les alentours de notre camping sont splendides : une harmonie de gris-beige sur le bleu glacier de la rivière, une petite plage, des sentiers qui serpentent dans la forêt. On va se plaire, c'est sûr !

La caravane que nous avons louée est on ne peut plus vieillotte mais bien équipée : un climatiseur (d'époque), un petit four au gaz à l'intérieur, et un énorme four solaire à l'extérieur. Je crois que je n'ai jamais eu aussi chaud de ma vie : la température d'un sauna ni plus ni moins. Le bon sens nous aurait dicté de rester dans notre caravane réfrigérée en attendant la fraîche…mais hélas, ventre creux n'a pas d'oreille, surtout le mien, car l'idée de sauter un repas ou de manger des pâtes à la sauce tomate me fait dresser les cheveux sur la tête. Nous avons donc décidé de mon commun accord de faire 4 km à pied sous le cagnard pour aller remplir notre frigo au supermarché le plus proche.

Longer la rivière à l'ombre pointillée des eucalyptus était supportable voire champêtre, mais une fois exposés en plein soleil sur le bitume ramolli, notre courage a lui aussi pris un coup. Aussi, c'est avec la nette impression d'être des poulets en train de rôtir à la broche que nous nous sommes traînés jusqu'au centre-ville. La climatisation du Coles nous a certes créé un sérieux choc thermique mais nous a sauvé de l'insolation. Jamais les courses nous ont paru si courtes. Car à peine avions-nous retrouvé une température corporelle décente, qu'il nous a fallu retourner au grill, un peu ragaillardis heureusement par la perspective d'une caravane réfrigérée en arrivant (bien qu'il ne faille jamais recongeler du décongelé).

Une fois cette mission frigo accomplie, au risque de faire une overdose de coussins à fleurs, de revêtements en formica marronnasses et de rideaux en crochet, nous n'avons plus mis un orteil dehors.

PS : On a bien fait de ne pas attendre la fraîche car à 22h on l'attendait encore.

TAXIDERMIE

Mildura, le 26 janvier

Dans notre caravane, nous faisons la vaisselle avec une peau de rat crevé.

Au départ, je me suis demandée à quoi servait ce morceau de fourrure gris terne posé sur le bord de l'évier. Et puis, j'ai dû me rendre à l'évidence. Je savais que les australiens avaient un goût prononcé pour la fourrure (à la ferme des lamas, nous avions une éponge qui ressemblait à un gant de toilette mais orange avec des poils en plastique et je l'avais surnommée « Casimir »), mais de là à utiliser de la moumoute synthétique pour frotter ses assiettes...

Celle-là je ne lui ai pas donné de surnom. Déjà visuellement avec ses poils collés, elle est pas ragoutante, mais dans la main mouillée et gluante de produit vaisselle...Yak !

DÉPART POUR LE MIDDLE OF NOWHERE

Mildura, le 27 janvier

11h

Toujours la même chaleur de sauna depuis deux jours. Aujourd'hui, les managers du lodge viennent nous chercher pour nous emmener loin loin dans la brousse. À la question «comment pourrons-nous vous reconnaître?», j'ai répondu : « Nous aurons de gros sacs à dos! » Nous sommes tout excités.

12h

D'un 4x4 blanc massif descend une brune haute comme trois pommes, mince comme un coucou, et gaie comme un pinson. Notre manager.

Notre barda est empaqueté dans des sacs poubelles à l'arrière du 4x4, pour le protéger de la poussière qui s'infiltre partout. Je m'agrippe où je peux pour me hisser à l'intérieur du monstre blanc. Il y a une mince pellicule de terre rouge dans tout l'habitacle. Mes compagnons de voyage seront des gros sacs orange remplis de linge propre récupéré à la laundry de Mildura.

Un peu de ravitaillement en ville, puis le plein d'essence avant de prendre la piste, toujours. Un coup de fil au lodge pour avertir de notre départ, toujours. Après, si on a un problème, les portables ne passent plus.

Nous quittons la ville, puis les habitations, puis la route goudronnée : au bout de quelques minutes, il ne reste plus rien que de la terre rouge et des arbres malingres, à perte de vue. Un vide captivant, des couleurs étonnantes. Parfois, notre manager nous indique une ferme sur le côté : on ne la voit pas mais il y a une boîte aux lettres au bord de la piste et un chemin y menant qui se perd à l'horizon. Au moins, on ne sera pas embêtés par les voisins.

Nous sommes bringuebalés entre tôle ondulée, ornière et grid[1] pour bestiaux, mais les secousses et les bonds sur mon siège à l'arrière du 4x4 me font sourire. Plus que 90 km avant d'atteindre le lodge !

On a l'impression de partir pour une longue expédition et c'est un peu ça : rien ne sera plus comme avant, on part travailler dans l'Outback !

---

[1] *Voir Glossaire du Bush, p. 334*

VIVRE DANS L'OUTBACK

MUNGO NATIONAL PARK – NEW SOUTH WALES

28 janvier - 01 mars

LE LODGE, MODE D'EMPLOI

Mungo Lodge, le 28 janvier

Ça y est, le voile est levé sur le mystérieux lodge. Google Map nous avait révélé la vue satellite, maintenant nous avons devant nous la vue panoramique 3D. Visite guidée.

Il y a 18 chambres réparties sur 9 bungalows en arc de cercle. Le 10ème point du cercle, c'est un grand bâtiment abritant la réception, la terrasse, le bar, le restaurant et les cuisines. Derrière la cuisine, il y a une petite porte et cette petite porte mène aux « communs » : la laundry, l'éolienne, les panneaux solaires, les réservoirs d'eau, la grange, le chemin qui mène à la piste d'atterrissage, et dans le fond trois petites baraques en bois avec des toits pointus verts. Et ça c'est chez nous !

Nous avons un collègue : il est néo-zélandais, couleur pain d'épice, il a une dent en moins et un accent australien indéchiffrable. Son boulot, c'est la maintenance. Le nôtre, c'est de s'occuper de l'entretien de tout le reste : chambres, salle de restaurant, toilettes, cuisine. On ne fera pas de désherbage sous 50°, c'est une bonne nouvelle.

Vu la brillance du parquet du restaurant, la disposition parfaite des chaises et l'ordre méticuleux de la cuisine, ça ne sera pas un travail de « gros doigt » : ça tombe bien, nous aussi on aime les choses bien faites.

Niveau pratique, nous serons payés à l'heure, sans être assurés d'avoir du travail tous les jours, sachant que c'est la basse saison. Quoiqu'il en soit, nous sommes logés, nourris et blanchis, et vu l'animation qu'il y a dans le coin, on ne risque pas de dépenser trop d'argent...

STAFF ONLY

Mungo Lodge, le 28 janvier

La petite curieuse en moi est ravie : je vais enfin savoir ce qui se trame dans l'arrière-boutique d'un restaurant. Rien que franchir la limite du « Staff only » est assez jouissif. Ça signifie : ici je suis chez moi !

Derrière le bar, entouré d'une armée de mugs et de tasses, d'un escadron de verres de toutes les formes, d'une myriade de bouteilles multicolores, avec la machine à café qui trépigne dans le fond, on se sent maître de la situation....Ça donne envie de lancer des « Qu'est-ce que je vous sers ? » aux personnes qui se pressent au comptoir, mais bon, pour le moment il n'y a personne...

Dans la cuisine, c'est une autre histoire : on se croirait Alice au pays des merveilles après qu'elle ait bu sa potion rétrécissante. C'est comme une cuisine normale sauf que tout a changé d'échelle : les plans de travail sont interminables, les piles d'assiettes montent jusqu'au plafond, les planches à découper font presque un mètre carré, les couteaux sont terrifiants, et les feux et marmites font revivre d'un coup les gravures de Dante. Même le frigo est tellement grand qu'on peut marcher à l'intérieur...et y rester enfermé ! Il y a même une sonnette spéciale à l'intérieur pour donner l'alerte en cas de séquestration inopinée.

Du coup, la nourriture aussi a subi un changement d'échelle : on croise des tonneaux de sucre et de farine, des tablettes de chocolat de 5kg (le rêve !!), des côtes de bœuf entières (et pas une, toute l'enfilade), des bidons de crème, des jerricanes d'huile de friture. Il n'y a que les légumes et les œufs qui ne peuvent pas changer de taille...alors ils sont démultipliés.

Bon alors, ils sont où les clients ? Nous, le staff, on est prêt !

OUF !

Mungo Lodge, le 28 janvier

Depuis notre premier contact avec le lodge, je nage dans l'incertitude et me débats avec des questions. Nourri, nourri...mais par qui, où, avec quoi et avec qui ?

Parce que logé ça va, je peux bien dormir n'importe où, mais nourri, c'est une autre paire de manches... Ne pas manger à mon goût ou à ma faim pendant un mois est un motif de dépression assuré. Le plus simple aurait été de poser la question au téléphone avant de venir, mais je n'ai pas osé. Pas envie qu'on me prenne pour quelqu'un qui ne pense qu'à la nourriture (ils le découvriront bien assez tôt !).

Eh bien, après de longues heures d'angoisse, me voilà maintenant rassurée. J'ai regardé le menu alléchant épinglé dans la cuisine et eu la confirmation du chef : pour les repas, c'est lui qui cuisinera et nous régulerons les stocks du restaurant. Non seulement on mangera bien mais en plus on fait une bonne action !

TOUT EST À REFAIRE

Mungo Lodge, le 29 janvier

Premier jour de boulot : le moment est venu de nous montrer quelles sont les exigences de propreté concernant les chambres dans un lodge 4 étoiles.

« Tiens, montre-leur la 9 », dit Jacques à Catherine, avec un air grave et entendu. Catherine acquiesce en silence et nous voilà partis vers le bungalow 9. Dans la chambre, ça sent bon les biscuits, le lit est tiré au carré et je le regarde avec anxiété en me demandant comment je vais réussir un jour à obtenir un tel résultat...

« Vous voyez, dans cette chambre, tout est à refaire ! C'est dégoûtant. »

Un petit coup d'oeil aux alentours...mais non, on ne voit rien qui cloche. La chambre paraît nickel comme toutes les autres. Catherine se dirige vers la douche et nous pointe d'un doigt accusateur les traces d'essuyage laissées sur les vitres, les marques de savon cachées sous la tablette, la poussière rouge dans le bac à douche et des tas d'autres détails qui nous avaient complètement échappé.

Le message est clair : pas de quartier pour la saleté, même bien cachée. Il va falloir que ça brille !

ACCROS AU THERMOMÈTRE

Mungo Lodge, le 30 janvier

Ici la température extérieure est sujette à autant d'attention qu'une enfant malade. Deux fois par jour nous faisons des relevés avec le pistolet laser de la chambre froide. Le protocole ? Une visée sur le tronc de l'arbre face à la réception (le copain de l'émeu en paille qui accueille les visiteurs) pour la température à l'ombre, et une visée sur les planches en bois qui mènent à la réception pour la température au soleil. Tout ceci est consigné dans l'agenda à la date du jour.

Aujourd'hui 30 janvier :
à 9.10am : 34°6 à l'ombre, 43° au soleil
à 3.20pm : 45.8° à l'ombre, 68.2° au soleil

Mesurer et noter chaque jour des températures nous a semblé au départ une habitude un peu étrange. Puis c'est vite devenu une discipline passionnante voire carrément addictive, comme checker son fil d'actualité Facebook. Faut dire que les distractions ne sont pas légion dans le coin… Et puis ces températures astronomiques nous donnent le sentiment d'être des héros, des sortes de survivants climatiques : en comparaison, la pire des canicules de chez nous devient un pet de lapin, et je me demande comment la petite normande que je suis parvient à survivre sans se dessécher comme une vieille pomme.

Réponse : C'est grâce à la clim. La règle, c'est de ne pas rester plus de 5 min dehors.

MON AMI LE PYTHON

Mungo Lodge, le 02 février

Ce soir, c'est dîner en salle et bonne plâtrée de pâtes carbonara (une vraie rareté en Australie). En plus elles sont délicieuses, je ne risque pas de décoller de mon assiette.

C'était sans compter le python, qui a choisi ce moment précis pour faire son apparition derrière la cheminée du restaurant. Comme les pythons sont quand même plus rares que les carbos, je me suis décidée à quitter mon assiette pour aller observer la bête. Il y a aussi que manger avec un python dans le dos, c'est un coup à se couper l'appétit, ou attraper un torticolis. Parce que le python n'est pas dangereux, certes, mais quand même...

La grosse ficelle noire à langue fourchue s'est donc tortillée sur la poutre un bon moment, a refusé de se laisser attraper avec la fourche, et a finalement continué d'escalader la cheminée jusqu'à disparaître dans un trou du mur. Et nous avons enfin pu terminer nos pâtes, froides.

Maintenant je sais que je ne m'installerai plus jamais à la table juste en dessous.

FEMME DE CHAMBRE

Mungo Lodge, le 06 février

Qui aurait dit que je rejoindrais un jour ce bataillon de femmes à chignon en robe noire avec un petit tablier blanc et un bonnet de dentelle ?

Sans le costume, ça perd un peu de son charme, certes, mais le dépaysement reste le même. Plus question pour moi de s'attarder sur la disposition du mobilier, sur l'orientation de la lumière ou le doux toucher du lavabo. Ce qui compte maintenant, c'est la trace qui reste sur la vitre de la douche, l'empreinte de doigt sur la bouilloire, le sachet de thé qui manque, le drap à tirer, la trace de savon sous la tablette du lavabo, le cheveu sur la housse de couette, la fermeture du coussin à orienter, et la mouche morte cachée derrière le rideau.

Niveau matériel, que faut-il ? Une bonne paire de bras pour astiquer sans se fatiguer des mètres carrés de vitres recto verso, et aussi un excellent zoom optique. Car pour faire une chambre en moins de deux et sans rien oublier, le tout c'est de savoir zoomer et dé-zoomer sur chaque zone pour vérifier qu'à la fois l'ensemble et le moindre détail sont parfaits.

En bref, je me suis vite rendu compte que livrer une chambre digne d'un quatre étoiles en 60 minutes maxi, c'est autre chose que de peigner des lamas ou doser leur fourrage.

Alors, je ne suis pas mécontente de moi, car malgré quelques handicaps de base (une mémoire intermittente et une tendance à la dispersion), il paraît que je fais ça très bien.

HOMMAGE

Mungo Lodge, le 08 février

Dans la cuisine, il y a une desserte à roulette sur laquelle on pose la vaisselle propre prête à être rangée.

Je l'aime bien : quand je me promène avec, ça me rappelle la desserte qu'on avait dans notre maison Playmobil. C'était Maria, la bonne Playmobil avec son tablier blanc qui l'apportait dans la salle à manger. Quand on est petit, on n'a pas conscience de la lutte des classes.

AUJOURD'HUI, J'AI VENDU UN COCA

Mungo Lodge, le 10 février

Et c'est moi qui ai tout fait : bavardage avec le client, encaissement, rendu de monnaie (sans calculette), tout ça en même temps.

Ça m'a épuisé pour la journée.

Petite nature, me direz-vous. Eh bien je voudrais vous y voir : déjà, c'était la première fois que j'utilisais une caisse électronique, et l'icone Coca il faut déjà le trouver parmi les cartes postales et les savons à l'eucalyptus. Ensuite, je suis archi-nulle en calcul mental, alors quand on me paye en pièces de 20 centimes que je dois recompter pour rendre la monnaie et en même temps raconter en anglais mon parcours depuis la maternelle (en fait il me demandait comment je trouvais l'Australie), il y a de quoi avoir les neurones qui s'affolent...

EQUIPE DE CHOC
Mungo Lodge, le 11 février

« Mauvais ouvrier, mauvais outil » disait toujours mon horrible institutrice de CM2. Mais elle n'avait pas tort. Aussi, pour faire un travail impeccable dans les chambres, j'ai mon escadron de propreté toujours prêt à l'action :

· Quadie, mon petit quad vert (armé de 6 roues et une benne mais avec seulement deux pédales, et deux vitesses, marche avant et marche arrière, exactement ce qu'il me faut) qui me conduit à fond sur les lieux d'intervention.

· Wombat, mon aspirateur bordeaux tout pataud mais qui se faufile partout.

· Mop, ma fidèle serpillère jaune toujours accompagnée de son seau essoreur.

· Pschit jaune et pschit bleu accrochés à l'arrière de Quadie.

· Les deux inséparables : la « fesse » towel (le nom originel est « face towel » mais dans le feu de l'action on ne prend pas le temps de prononcer « feyce » comme il se doit !) et la « hand towel » pour briquer la salle de bain (ici point d'éponges ou de chiffons pleins de germes et qui laissent des traces, c'est serviette blanc immaculé sinon rien).

Et pour finir, l'équipe des boîtes, les petites fragiles, à cause de qui il faut garer Quadie à l'ombre. Les boîtes à thé, à gâteaux, à sucre, à café, à décaféiné, celles à savon, gel douche, shampoing, après-shampoing et tout le tintouin.

GOOD MORNING, MUNGO LODGE, CAPUCINE SPEAKING !

Mungo Lodge, le 13 février

Une petite phrase en apparence toute simple, n'empêche qu'au début il a fallu que je l'écrive et que je la répète plusieurs fois pour être sûre de ne pas bafouiller.

Il faut savoir qu'à la base, le téléphone et moi ça a toujours fait deux. Ma mère a été standardiste, mais je n'ai manifestement pas hérité de ses dons au téléphone. Pire, cet appareil m'a longtemps terrorisé. Pour dire, mon baptême de coup de fil c'était à 15 ans environ. Le drame : il a fallu que j'appelle le club d'équitation pour leur demander s'ils avaient retrouvé ma cravache.

La première fois que j'ai décroché le téléphone au boulot, ça a été catastrophique : j'ai tutoyé et plaisanté avec mon patron en étant persuadée qu'il s'agissait d'une collègue qui me faisait une blague. Et je n'en suis pas restée là : en plus de lui avoir manqué de respect, j'ai froissé sa virilité en lui avouant, toute confuse, que je l'avais confondu avec la fille du standard. Puis à mon deuxième boulot, que dire des fous rires étouffés de peu lorsqu'il fallait que je réponde aux appels externes en lançant d'un ton de secrétaire «Dominos Art Bureau bonjour ! », avec l'image du SAV d'Omar et Fred collée dans la tête...

Tout ça pour dire que me confier un standard est plus que risqué. Déjà en français, alors imaginez un peu en anglais. Pire, en anglais et en Australie.

La première fois que nous nous sommes retrouvés en charge de la réception, nous avons donc été flattés par cette marque de confiance et en même temps très embarrassés. Pas par le fait de vendre des cartes postales ou accueillir des clients mais par cette saleté de téléphone, vissé au bureau comme un débouche-évier à son sanitaire (pour reprendre Desproges), menaçant de sonner à chaque instant. Alors avec Gaspard, on se refile la patate chaude : « Allez, cette fois c'est ton tour de le prendre... » Parfois, la tentation est grande de ne pas décrocher du tout.

Car au delà de la phrase d'intro, c'est l'angoisse du vide : qu'est-ce qui nous attend à l'autre bout du fil ? Un gars du cru avec un accent à couper au couteau ou une dame un peu pet-sec au débit avoisinant la vitesse du son ? On a beau coller son oreille très fort au combiné, c'est pas pour ça qu'on décrypte mieux le flot de paroles qui nous arrive dessus.

Dans tous les cas, il faut rester digne. Mais comment ? En faisant mine que ça grésille et en raccrochant ? Non voyons, on demande poliment de répéter (en mettant des « could », des « please » et des « sorry »), puis au bout de la troisième fois, si la personne n'a pas déjà raccroché, on capitule. « I understand (mensonge de politesse) but I can't answer you and the manager is absent right now : would you give me your number, so that he could call you back later ? » ou quelque chose comme ça.

Parfois quelques mots font surface dans la conversation : on les note précieusement en espérant que Jacques pourra en faire quelque chose : deliver, 22th of february, booking, Sandra from ….holiday … Mais n'est pas expert à Pyramid qui veut. Parfois « Mrs. Annie Grip » s'appelle en fait « Mrs. Awship ».

On fait ce qu'on peut.

BAPTÊME DE SERVICE

Mungo Lodge, le 14 février

Aujourd'hui est un grand jour. Jusque là, nous avions l'habitude d'être presque seuls au lodge, de nettoyer des bungalows vides et d'avoir le restaurant rien que pour nous. Mais aujourd'hui il va falloir partager l'espace car un groupe de 15 personnes vient dîner ce soir.

Il est temps pour moi de revêtir ma tenue de combat. Ballerines noires, robe et legging noir, et me voilà déguisée en serveuse : déguisée est bien le mot car, à part le costume, je n'ai rien d'une serveuse. D'une part, je n'ai jamais fait ça de ma vie, et d'autre part, je suis d'une maladresse légendaire. Jacques le sait pourtant, mais ça n'a pas l'air de l'affoler. D'emblée, il me confie la commande des boissons. Déjà rien que d'observer, planquée derrière le bar, la grande tablée d'inconnus qui parlotent, je suis toute impressionnée.

Haut les cœurs ! Chassant de ma pensée la vision d'un plateau rempli de verres à vin s'explosant sur le parquet verni, je m'approche subtilement de mes victimes attablées, armée d'un calepin, d'un crayon et d'un timide « Good evening............What would you like to drink ? »

C'est alors que je réalise que le plus périlleux ne sera pas le porter de verres mais le déchiffrage de la commande. Si encore je connaissais la carte des boissons par cœur...Mais pas question de me trahir en faisant répéter. Au fur et à mesure, je note les sonorités sans comprendre un traître mot, en espérant qu'une fois la carte sous les yeux, je reconnaîtrai de quoi il s'agit...

De retour au bar, Jacques est là pour faire la traduction. Par bonheur, il ne s'attarde pas sur l'orthographe hasardeuse et les abréviations louches (de toute façon, j'ai écrit tellement mal qu'on ne peut quasiment rien lire). Reste à livrer la marchandise. Je n'ai pas réussi à échapper aux verres à vin et c'est avec une grande fierté (et l'aide du plateau anti-dérapant) que je les apporte à destination en un seul morceau.

Mais l'épreuve du jour ne s'arrête pas là car le plat commun choisi pour la tablée est un plat en sauce ; or un chavirement d'assiette est si vite arrivé... Pour éviter ce genre d'accident, je préfère la sécurité au style : pas de troisième assiette posée sur le poignet, même si j'ai toujours rêvé de le faire ! Toute occupée à marcher droit, à avoir l'air souriante et détendue, à repérer les gens à servir, à aborder le client du bon côté et à disposer l'assiette dans le bon sens, il y a plus d'une sauce qui a failli passer par-dessus bord, mais seulement failli.

Une petite pause « plonge », le temps que tout le monde se baffre, et puis c'est reparti. Place au débarrassage, ou comment ramasser avec classe et habileté le petit fatras que chacun a éparpillé à sa place : l'assiette du pain, les miettes et les morceaux qui traînent, le papier du beurre, le couteau à beurre, les couverts, la serviette...avec en prime la désagréable impression de pénétrer dans l'intimité des gens. Sans compter que Jacques nous a mis en garde en cuisine contre le couteau fuyant, qui fait tobbogan dans l'assiette et entraîne tout sur son passage clouant un pied au sol à l'occasion. L'horreur. Pour éviter cela, un geste de plus à inclure dans la chorégraphie : glisser le couteau sous la fourchette retournée. Tout en récoltant avec le sourire les compliments pour le chef et en satisfaisant la curiosité des clients qui veulent savoir si je suis la fille du patron.

Après ça, le périlleux ballet est terminé, il n'y a plus qu'à s'attaquer aux piles d'assiettes sales, et à côté ça paraît presque du repos !

L'ART DU REFRESH

Mungo Lodge, le 15 février

Faire un «refresh» dans un lodge ce n'est pas agiter une branche de palmier pour aérer le client en terrasse. C'est s'infiltrer dans sa chambre dès qu'il a le dos tourné et tout nettoyer sans rien toucher. C'est une tradition hôtelière un peu bizarre qui remonte à l'époque de Cendrillon. En rentrant, le client doit avoir l'impression qu'une petite fée (ou une armée de petites souris) est passée par là et a métamorphosé son petit déballage en joli désordre qui sent bon.

Pour la petite fée, c'est une affaire très délicate*. Déjà, il faut guetter le départ du client par les innombrables fenêtres du restaurant. Ensuite se précipiter sur le quad, investir les lieux et agir vite avant un retour inopiné. Regarnir le minibar, changer les serviettes et les poubelles, redresser le lit, remettre des tasses et verres propres, nettoyer la douche, le lavabo et les toilettes, passer l'aspirateur et la serpillère, tout ça sans bousculer les pantoufles, le pyjama, la brosse à dent, le livre de chevet ou la valise. Et ce en moins de trente minutes.

*Quand je dis très délicate, je pèse mes mots. La première fois que j'ai dû m'introduire en douce dans une chambre, j'étais dans un état de stress proche de la syncope : j'ai mis pas loin de deux heures avant de récupérer mon quota d'adrénaline. La deuxième fois, en

nettoyant les robinets de la douche, je les ai ouverts malencontreusement...non seulement je me suis prise une douche écossaise toute habillée mais en plus j'ai dû recommencer toutes les vitres intérieures...il y a des jours comme ça.

MUNGO LES BAINS

Mungo Lodge, le 17 février

Depuis deux jours, nos yeux ne sont plus rivés au thermomètre mais au pluviomètre. Dix-huit millimètres sont tombés suite à deux orages consécutifs, et la terre, tassée par trois mois de sécheresse, fait la grève de l'absorption. Le verdict des Rangers du parc vient de tomber : toutes les pistes aux alentours seront fermées pour au moins une semaine. Celui qui voudrait s'y aventurer malgré tout risque d'une part de s'embourber sans que personne ne passe pour le secourir et d'autre part une fameuse amende pour dégradation de la chaussée.

Déjà qu'avec la chaleur nous ne voyions pas grand client, alors si l'unique route qui nous relie au monde est fermée, on n'a plus qu'à se mettre à la belote…ou à s'acheter une barque, vu que, de part et d'autre de l'entrée du lodge, la piste s'est transformée en piscine olympique.

Par bonheur, il y a trois chambres froides au restaurant, aussi nous ne mourrons pas de faim. Mieux, il va falloir qu'on écoule les stocks de plats qui risquent de se perdre. Dont les crèmes brûlées et les mousses au chocolat. À quelque chose malheur est bon.

MUNGO RESCUE, ÉPISODE 1

Mungo Lodge, le 19 février

Depuis que la route est fermée, nous ne travaillons plus pour Mungo lodge mais pour Mungo rescue : il faut bien qu'on se rende utile.

En temps normal, il ne passe pas plus de six voitures par jour sur la piste qui mène au lodge. Maintenant qu'elle est fermée, ce chiffre oscille entre 0 et 1 (car oui, on n'a rien de mieux à faire que compter les voitures qui passent). Donc, en cas d'embourbement intempestif, l'expression « marche ou crève » prend tout son sens. Vu l'absence totale de réseau, la seule solution, en effet, est d'aller chercher de l'aide à l'habitation la plus proche, sachant qu'il n'y a une ferme que tous les 40 kilomètres environ...

Notre premier «rescapé» nous est parvenu dans un drôle d'état. Il faut dire que certains poussent l'inconscience jusqu'à prendre une piste fermée, en tongs et sans eau alors qu'il fait 45°. Il a débarqué au lodge après des heures de marche au zénith, couvert de boue, déshydraté et le visage tellement rouge qu'on aurait pu y faire cuire un steak.

Après l'avoir ressuscité au Coca, Jacques et Gaspard sont partis récupérer sa caisse embourbée avec le 4x4 du lodge, mais je ne peux pas vous en dire plus car pour ma part, j'avais un Magnum Choco Bikkie à demi-entamé dans la main, et pas question de le lâcher pour les suivre. D'ailleurs, ils s'en sont très bien sortis sans moi.

MUNGO RESCUE, ÉPISODE 2

Mungo Lodge, le 19 février

Le soir-même, la sirène d'alarme retentit de nouveau et cette fois je suis sur le coup : il s'agit de Tracy et Gary, des voisins et amis de Jacques et Catherine. Ils pensaient pouvoir faire la route les yeux fermés, et la preuve que non, vu qu'à force de bavarder avec insouciance, ils se sont retrouvés le nez dans le bas-côté.

C'était la première fois que je prenais la piste depuis sa fermeture et j'ai tout de suite compris le problème : ce n'est plus qu'une succession de bras de rivières et même si je sais que c'est ce qu'il y a de mieux à faire, je n'ai pas pu m'empêcher de serrer les fesses quand j'ai vu Kristian tracer en plein milieu. Après je n'ai eu droit qu'au bruit des gerbes d'eau et aux soubresauts de la piste car les vitres arrières ont été instantanément repeintes en marron. Bref, nous sommes arrivés sur le lieu d'intervention sans nous embourber nous-mêmes, et c'est déjà pas mal.

Pour mon premier embourbement, j'ai été servie car ils s'étaient enfoncés jusqu'au bas de caisse. J'aurais bien conseillé l'hélitreuillage mais apparemment le Pajero de Kristian, moyennant un gros câble, quelques bonnes poussées d'accélération et des giclées de boue impressionnantes, a réussi à extirper l'engin de sa glue.

Après ce morceau de bravoure, la soirée s'est terminée autour d'un verre, sur une image délicieusement décalée : Tracy et Gary avec leur touche typique de fermiers australiens, elle les pieds nus couverts de boue sur le parquet verni, lui un peu intimidé, tous deux en train de siroter un jus d'orange dans les canapés en cuir du resto.

Et le top, c'est qu'ils ont fini par nous proposer de venir bosser quelque temps dans leur élevage de chiens. J'aime l'Australie !

MUNGO RESCUE, ÉPISODE 3

Mungo Lodge, le 20 février

Le lendemain, rebelote à l'heure de l'apéro : un couple de jeunes suisses en 4x4 Bushcamper[1] embourbés à 10 km. A peine le temps de finir notre cidre, nous avons sauté dans le 4x4 de Kristian et escorté Jacques vers les lieux du drame. Un cas classique (même si pour moi il n'y a rien de classique dans le fait de s'embourber) : une sortie de piste en glissade qui se termine dans le bas-côté gluant. Par contre, s'ils avaient pu éviter de faire ça à côté du plus gros nuage de moustiques que j'ai jamais rencontré...

Pour pimenter le tout, tandis que je me précipitais au secours des âmes en peines (en pensant « zut j'aurais du prendre mon appareil photo ! »), ma tong gauche m'a faussée compagnie, happée par la glaise, cassant à la fois mon élan et ma crédibilité. Sans compter que dans le demi-tour pour la récupérer, je m'en suis mis jusqu'à la cheville...bref, j'ai abandonné ma fierté (mais pas ma tong) et ai continué pied nu. De toute façon, tout le monde était tellement occupé à se battre contre l'armée de moustiques et à sangler le Bushcamper que c'est passé comme une lettre à la Poste.

Du coup, même si j'ai oublié mon appareil photo, j'ai pu témoigner de la puissance de la glaise. Car à voir le mal que

---

[1] *Voir Glossaire du Bush, p. 333*

j'ai eu à arracher ma tong aux petites mains crochues de la piste, j'ose à peine imaginer ce qu'il a fallu pour extraire deux tonnes de ferraille.

En rentrant, on a fait un concours de celui qui avait le plus de piqûres. Eh bien, curieusement, ce n'était pas moi ! C'est le suisse et son bras déformé qui a remporté la palme, ex-æquo avec le dos boursouflé de Kristian.

DANS LE 4X4 DE KRISTIAN

Mungo Lodge, le 21 février

Dans le 4x4 de Kristian, il y a en vrac des serviettes, des livres, des outils, un couteau de boucher (pour achever les kangourous blessés sur le bord de la route), des canettes de bière vides, des feuilles de papier piétinées, des paquets de clopes, des sangles, des jouets, une couverture, des bouteilles d'eau, beaucoup de poussière rouge et des sacs plastiques. Entre autres, j'ai pas non plus tout fouillé…

Comme il a expliqué un jour à Gaspard, c'est pour qu'il ait tout sous la main en cas de pépin sur la piste. D'accord, mais moi le jour où il a fallu que je retrouve mes clés égarées sur la plage arrière de sa voiture (suite à un dépannage chaotique), j'ai cru que ça allait me prendre l'après-midi. Heureusement, elles étaient juste tombées sur le lit de paperasse qui fait office de tapis de sol.

CINQ AVIONS

Mungo Lodge, le 22 février

Dimanche matin, cinq avions ont atterri au lodge. Les huit passagers ont pris des cafés et des croissants, sali un peu les toilettes (sali ici veut dire utilisé une fois) et ils sont repartis à Melbourne.

C'est pas écolo, mais c'est la classe.

LE PARADOXE DU BÉBÉ KANGOUROU

Mungo Lodge, le 22 février

Le petit Mungo est sûrement la créature la plus mignonne que j'ai rencontrée en Australie, même si, entre nous, il n'est pas trop difficile d'être plus mignon qu'un python ou un oppossum. Mungo est un bébé kangourou que Kristian, notre collègue néo-zélandais, a recueilli sur le bord de la piste menant au lodge.

Pour tout dire, si Mungo n'a plus de maman kangourou, c'est que Kristian l'a renversée ce soir-là. Elle n'a eu que le temps, dans un ultime geste de protection, de le jeter hors de sa poche avant l'impact. Kristian s'est arrêté, a achevé la mère avec son grand coutelas et a récupéré le bébé étourdi dans les broussailles. Dit comme ça, ça fait un peu moins conte de fée, mais n'empêche que le petit a été sauvé et qu'il est à croquer quand il sautille autour de sa mère adoptive et se niche dans le cabas qui fait office de poche. Et que dire lorsqu'il prend son biberon avec le museau barbouillé de lait...

Forcément, je n'ai pas résisté à l'envie de le prendre dans mes bras. Sauf que les petits kangourous sont plus adaptés aux poches qu'aux bras, et du coup, c'était aussi ergonomique et incongru que de bercer un poulain. Ce qui fait qu'au lieu d'une pause tendresse, ça a été un vrai champ de bataille : je me suis débattue avec un méli-mélo de pattes et de queue et puis finalement Mungo, qui trouvait ça tout aussi inconfortable que moi, s'est tortillé jusqu'à atterrir par terre.

La photo souvenir quant à elle, ne pouvait être que floue vu la violence de l'affrontement.

Après ça, je me suis dit que c'était plus sympa de le regarder se casser la figure dans les marches du jardin ou déraper dans les graviers en essayant de sprinter.

BOUSSOLE ET ARCHÉOLOGIE

Mungo Lodge, le 23 février

Aujourd'hui, c'est la grande aventure : nous partons pour notre première randonnée au cœur de la brousse et ses milles dangers afin de découvrir des dunes de sable contenant, paraît-il, des trésors archéologiques.

Jacques nous a dessiné un plan composé de trois-quatre traits vacillants et du schéma d'une barrière. Pour compléter, il nous a fait une description de l'itinéraire : suivre la piste d'atterrissage, puis prendre le «fire trail» (comme si le feu empruntait des chemins !), jusqu'à arriver sur une plaine un peu marécageuse. Ensuite, il n'y a plus l'ombre d'un chemin, il faut se repérer grâce aux sommets des dunes au loin et à la forme des arbres. Mais comme on n'était pas tout à fait sûr de trouver la branche d'arbre qui a une forme d'aigle qui s'envole, on a pris quand même une boussole.

Nous partons tôt le matin pour éviter la canicule. Nous avons un plan, une description, une boussole, de l'eau, des croissants (car c'est dimanche et il ne faut pas perdre ses bonnes habitudes de français), et des figues séchées. Rien ne peut nous arriver. Et pourtant, le nombre de squelettes d'animaux découverts sur la route n'a rien de rassurant :

des lapins, des renards, des kangourous, tous y sont passés. Il y a même un renard qui est mort (de faim ?) à l'entrée d'un terrier de lapin, c'est dire si c'est la misère.

Au bout d'une demi-heure, côté orientation, c'est la banqueroute. Impossible de mettre la main sur la branche-aigle en vol, et même en se mettant sur la pointe des pieds, pas de trace des dunes au loin. On ne peut plus compter que sur la boussole, et encore, a-t-elle bien supporté le changement d'hémisphère ? Il ne nous reste plus qu'à continuer plein Nord en recomptant nos figues et nos litrons d'eau.

Finalement, comme on est vraiment très fort (et que j'ai tendance à dramatiser un peu...) on a trouvé les fameuses dunes cachées derrière la troisième forêt et on a pu s'adonner à nos occupations favorites : Gaspard la fouille archéologique et moi la photographie, car c'était très joli.

On est repartis les poches pleines de silex aborigènes et de coquillages datant de 40 000 ans, c'est-à-dire l'époque où Mungo était un immense lac salé.

Pour ceux que la notion de dune de sable au milieu de la brousse chiffonne un peu (moi-même si je m'attendais à trouver des dunes de Pilat ici !), sachez qu'il s'en est passé de belles par ici : après avoir été un lac salé, le lac Mungo s'est asséché, puis s'est de nouveau rempli 10 000 ans plus tard avec de l'eau douce, pour s'assécher complètement il y a 20 000 ans. Forcément, la faune et la flore sont restées un peu perturbées. C'est pourquoi on trouve des coquillages, des salted bushs, et des dunes de sables. Et pendant tout ce temps, qu'il fasse -40°, qu'il y ait de l'eau, gelée, salée ou pas d'eau du tout, les aborigènes ont habité la région. On a retrouvé à Mungo les traces de la plus longue occupation humaine continue : 40 000 ans ! Les Égyptiens peuvent se rhabiller.

Cependant, on n'a pas poussé la ferveur archéologico-historique jusqu'à laisser nos os émerveiller les générations futures. Après avoir vagabondé sur les dunes, nous avons rebroussé chemin en espérant retrouver le lodge avant que le soleil n'ait raison de nous.

Epilogue : sur le chemin du retour (qui était un peu hasardeux vu que tout était à l'envers...), nous n'avons toujours pas trouvé la branche d'aigle. Mais nous avons trouvé le lodge et c'est le principal.

INSPECTION DES LIEUX

Mungo Lodge, le 24 février

Huit jours que la piste est fermée : on commence à tourner en rond et notre porte-monnaie ne se remplit pas beaucoup.

Heureusement, l'inspection pour les 4 étoiles est prévue pour dans trois jours : le lodge doit resplendir de mille feux.

Déjà, en temps normal, les chambres et le restaurant sont d'une propreté irréprochable, mais là il va falloir passer au cran au-dessus : époussetage et aspirage de chaque tiroir et dessus d'armoire, de l'intérieur des boîtes à thé/café/biscuits, case par case, inspection des dates de péremption des mini-bars, élimination du moindre cheveu qui traîne sur les draps. Et puis, pour les grands travaux, on a fait les vitres intérieur, extérieur, devant, derrière de tous les bungalows et du restaurant, et refait complètement les lits des dix-sept chambres...

Ce qui est bien c'est que, grâce à nos petits bras musclés, le lodge a eu ses 4 étoiles renouvelées, et qu'on a eu droit à plein de Sprite, de cacahouètes et de Mars en fin de date.

IL FAUT QUE J'ARRÊTE DE RÉPONDRE AU TÉLÉPHONE

Mungo Lodge, le 25 février

On est un peu busy en cuisine. Le téléphone sonne, et comme Jacques est occupé, je décroche (quelle folie, je sais, mais je n'ai pas eu le temps de réfléchir). À l'autre bout du fil, ô miracle, quelqu'un qui parle correctement la langue de Shakespeare. Il veut parler à Jacques, et je lui dis qu'il est occupé. Il me demande : « Are you his partner? »

Dans ma tête, « partner », c'est associé, personne qui travaille avec. Je lui réponds donc avec un peu d'hésitation : « Mmm...yes...not really (car le mot associé me semble un peu fort tout de même)...I'm more his employee. »

Lorsqu'il annonce qu'il sera là demain matin à 9h, je réalise que c'est l'inspecteur au bout du fil. Pour le reste, l'état des routes etc, j'ai répondu tout comme il faut. Mais pour l'histoire de « partner », un doute persistait...après vérification, ça s'est confirmé : « partner » veut dire aussi « compagne ».

A mon avis, l'inspecteur a dû bien se demander ce que Jacques trafiquait avec ses employées.

Le lendemain pendant sa visite, je me suis cachée.

LA REINE DE LA CRÈME BRÛLÉE

Mungo Lodge, le 26 février

La reine de la crème brûlée c'est moi ! Pour une fois que je réussis à quelque chose en cuisine, ça mérite bien un article à ma gloire. En plus, la crème brûlée, niveau difficulté, c'est au moins 8 sur l'échelle de Richter (le cappuccino, bien que complexe, ne mérite qu'un 4).

Réussir une crème brûlée demande une attention sans faille, et un strict respect du protocole : à la moindre incartade, c'est direction la poubelle (ou presque). Niveau ingrédient, rien de compliqué : des jaunes d'œufs, de la crème, de l'extrait de vanille, de la maïzena (je crois que c'est comme ça qu'on traduit « corn flour ») et du sucre. Ce n'est que quand j'ai eu le pichet de crème de 1L devant moi que j'ai compris pourquoi je ne rentrais plus dans mes pantalons ces derniers temps. 1L de crème pour faire 7 crèmes brûlées, ça nous fait par personne....oh ! allez non, vaut mieux pas savoir.

Bref, c'est dans la manipulation des ingrédients que ça se complique : déjà il ne doit pas y avoir un poil de blanc dans les jaunes, ensuite il ne faut pas laisser le sucre cuire les jaunes, ne pas trop chauffer la crème, puis ne pas trop la refroidir...

Vous vous demandez sûrement comment je suis parvenue à surmonter un tel monument de la gastronomie française. Je me suis concentrée à fond et j'ai respecté toutes les instructions à la lettre (même pas essayé de rajouter ou remplacer un ingrédient, ni de faire chauffer quoi que ce soit au-dessus du grille-pain). J'ai fouetté vite quand il fallait, mélangé doucement quand il fallait, mis la bonne dose de corn flour, éteint le feu au bon moment (celui où les bulles montent à la surface), et tout s'est bien passé.

Et je tiens à préciser pour ma gloire personnelle que c'était la première fois que Jacques prêtait sa cuisine à quelqu'un et, qui plus est, pour un plat au menu du restaurant. Oui, oui, mes crèmes brûlées ont été servies en salle.

J'AI GOBÉ UNE MOUCHE

Mungo Lodge, le 26 février

Ceci vient s'ajouter à la longue liste des choses que j'aurais expérimentées en Australie, bien que je n'en sois pas très fière. Pour cette fois, ce n'était pas dans un but expérimental : je ne suis pas restée des heures à glander la bouche ouverte pour voir si l'adage se vérifiait. J'étais juste en pause déjeuner, attablée en terrasse face à mon sandwich. Je m'apprêtais à répondre énergiquement à Fred, notre collègue (et voisin) toulousain qui me soutenait que le Nutino était meilleur que le Nutella, et tandis que je prenais l'inspiration nécessaire, une mouche passant par là s'est trouvée aspirée.

Je l'ai senti avec horreur se coller au fond de mon palais et hélas, il était déjà trop tard pour la récupérer avec la langue (brrr!). Alors je l'ai laissé glisser jusqu'à mon estomac, moyennant quelques verres d'eau et beaucoup de grimaces...

Ce fut une expérience traumatisante. Encore maintenant, quand j'ouvre trop grand la bouche, j'ai le réflexe de la couvrir avec la main. Je ne sais pas trop ce qui était le plus écœurant : l'idée d'avoir une mouche (vivante) dans le ventre ou la sensation de l'avoir encore collée dans la gorge. En plus, ça m'a valu des moqueries de la part du sud de la

France pendant des semaines.

Un point positif tout de même : je sais maintenant pourquoi les australiens ouvrent à peine la bouche en parlant (et pourquoi, par conséquent, on ne comprend rien à ce qu'ils marmonnent).

LES VIP SUISSES

Mungo Lodge, le 27 février

Depuis deux semaines, on en parle : des VIP suisses vont passer deux jours au lodge. À quoi vont-ils bien ressembler ??

Finalement, point de strass ni de paillettes, nos VIP se sont avérés être un couple d'une cinquantaine d'années gentil mais un peu terne. En faisant le refresh de leur chambre, je n'ai trouvé ni coffre-fort ni tablettes de chocolat. Que des pantoufles bien rangées. Nous aurait-on fait une blague ?

Quoiqu'il en soit, Jacques qui doit s'absenter nous confie les rênes de la cuisine pour le lunch, et devinez qui a réservé ? Nos VIP.

Comme on n'a pas encore la toque d'argent, le menu est unique : quiche salade. Mais nos VIP en ont décidé autrement. Lorsque je reviens dans la cuisine après m'être changée pour l'évènement, Gaspard a sorti le saumon et est en train de faire fricasser du poulet !! Le mot «quiche» les a fait grimacer et finalement Gaspard leur a proposé la « salmon salad » qui est aussi au menu et une « chicken salad » de son invention...

Tant d'audace m'a fait frémir mais je l'ai laissé faire et j'ai consacré mon énergie à la confection d'une salade digne de la reine d'Angleterre. Effectivement, nos VIP ont été éblouis et régalés, et nous sommes repartis tout fiérots et les poches pleines de compliments. Pas de doute, une nouvelle carrière s'offre à nous.

MY NAME IS PAJERO

Mungo Lodge, le 28 février

Maintenant que nous avons pris goût aux grands espaces et que notre compte en banque commence à se remplir, nous réfléchissons à l'achat d'une voiture qui nous permettrait de vadrouiller peinard. Gaspard y pense sûrement depuis plusieurs mois, voire plusieurs années, et pour ma part, nos petites balades en Hilux dans le parc m'ont convaincu.

Reste à trouver le véhicule de nos rêves, du moins un qui pourra se transformer en mini-caravane le temps du voyage. Bien sûr nous avons passé en revue toutes les options envisageables : campervans achetés d'occas' chez les loueurs de véhicule, 4x4 du gouvernement mis en vente aux enchères, avec système de tente sur le toit, trailer...

Finalement, la solution est venue de tout près. Jacques a passé un coup de fil à son vendeur de voiture à Mildura, et celui-ci a fini par nous dégoter un Mitsubishi Pajero d'occas', propre comme un sou neuf et à prix raisonnable. Il appartenait à une maman, qui l'utilisait pour emmener ses enfants à l'école, autant dire qu'il n'a pas du être poussé outre mesure.

Nous profitons d'un jour de repos pour aller rencontrer l'engin. Gaspard est intérieurement excité comme une puce, mais nous sommes restés pros : petit tour pour le tester et surtout inspection du coffre et du confort arrière pour évaluer son potentiel de maison sur roues.

Après avoir rassemblé ses économies de France et de Navarre, et concrétisé tout ça sous forme d'un chèque de banque, Gaspard a réalisé son rêve de gosse, et nous sommes repartis une semaine plus tard avec notre Pajero sous le bras (de l'accoudoir).

DÉBARQUEMENT IMMINENT

Mungo Lodge, le 01 mars

C'est officiel maintenant, ma sœur, Jule, débarque en Australie début avril. Comme ce n'était pas assez périlleux de faire 24h d'avion d'affilé pour un baptême de l'air, elle a choisi de voyager avec Air China. Lorsqu'il a appris ça, Gaspard a ouvert de grands yeux effrayés, sans trop me préciser la menace, et j'ai compris que j'avais à peu près une chance sur trois de retrouver ma sœur à l'aéroport de Sydney.

Au cas où elle arriverait malgré tout à destination, j'ai profité d'une nuit d'insomnie pour lui concocter un parcours typique et concentré de l'Australie. Une virée de 4000 km à travers le New South Wales démarrant à Sydney (sa baie, ses plages de surf, ses marchés et ses building), traversant la Hunter Valley (ses ranchs, ses montagnes et ses vignobles vallonnés), conduisant aux plages tropicales de la frontière sud du Queensland, puis plongeant au coeur de l'outback désertique, avec visite des Royal Flying Doctors [1] de Broken Hill et petit coucou au lodge.

Pour un concentré de l'Australie en trois semaines, je n'aurais pas pu faire mieux, même en pleine journée.

---

[1] *Voir Glossaire du Bush, p. 334*

ROAD TRIP DANS LE NEW SOUTH WALES
SYDNEY – COFFS HARBOUR – TAMWORTH – BOURKE – BROKEN HILL – SYDNEY

28 mars - 05 mai

IL ÉTAIT UNE FOIS UNE FERME AUSTRALIENNE

Sydney, le 28 mars

La famille de Gaspard a débarqué à Sydney, et nous avons été conviés à une sortie culturelle à la ferme de Tobruk, à deux heures de la ville, une ancienne cattle station[1] reconvertie au tourisme. Nous allons y vivre un concentré d'Australie : accueil par un « cow-boy à cheval » (je cite la description de la brochure), dégustation du traditionnel pain « Damper » et du thé « Billy », démonstration de tonte de mouton, repas « du bush » et pour finir initiation au maniement du fouet et du boomerang.

Nous, le folklore australien, ce n'est pas vraiment notre tasse de thé, mais le programme était alléchant et nous mourons d'impatience de voir le très spontané accueil du cow-boy à cheval.

Nous n'avons été déçu à aucun point de vue. A peine entrés sur la propriété nous avons effectivement vu un cow-boy débarquer de nulle part et galoper en jouant du fouet à côté du car...! Quant à la cattle station, elle a gardé son esprit d'antan, avec plus de fleurs et moins de bazar, tourisme oblige.

---

[1] *Voir Glossaire du Bush, p. 333*

Nous nous sommes assis autour d'un feu de camp pour assister à la préparation du thé et la sortie du pain Damper [1] cuit au feu de bois. Une fois sorti de sa marmite en fonte, le fameux pain n'a rien de la boule campagnarde de la boulangerie du coin. Il ressemble plutôt à une grosse pierre cramée. Après avoir tapé dessus pour enlever le charbon et la farine autour, notre cow-boy l'a emmené au stand dégustation. Une fois découpé en morceaux et nappé de sirop d'érable, à part le poids, par bonheur ça n'a plus rien du morceau de caillou...c'est même plutôt « yummy » ! Quant au thé, ma foi, c'est un thé noir classique. Sa particularité réside plutôt dans le goût fumé qu'apporte la préparation au feu, ainsi que l'ustensile utilisé, la théière du bush nommée « Billy », un simple pot de fer muni d'un bec, d'un couvercle et d'une anse.

Après cette introduction gastronomique, nous avons assisté à une démonstration de rassemblement de mouton à cheval, et là les chiens de bergers (appelés « kelpies ») nous en ont bouché un coin. Ces chiens-là ont ça dans le sang, je ne vois pas d'autre explication à leur zèle sans faille. Tantôt montés sur la croupe du cheval, tantôt en train de mordre les mollets des moutons, tantôt en train de leur marcher dessus, ils ont réussi en l'espace de quelques minutes à rassembler les bêtes éparpillées dans le champ, les faire entrer dans le corral et les trier.

Le plus bluffant, c'est leur technique pour faire avancer les bestiaux dans le couloir de triage : le chien court sur le dos des moutons qui, un peu effrayés, se tassent dans le

---

[1] *Voir Glossaire du Bush, p. 335*

fond. Il leur suffit de renouveler l'opération deux ou trois fois, en alternant avec des morsures de mollets pour obtenir un belle file de moutons compactés, prêts pour la tonte. Dans l'absolu, c'était un spectacle un peu triste car ce sont quelques êtres plus malins qui exploitent les faiblesses du grand nombre, en l'occurrence l'instinct grégaire, et la peur du mouton. Mais je ne voudrais pas tomber dans de la philosophie de hangar...

Finalement, nous sommes entrés dans l'arène, c'est-à-dire un hangar de tonte entièrement en bois, quasi d'époque, à ceci près qu'il y a des gradins et une estrade sur laquelle traîne négligemment toute l'histoire de la tonte sous forme d'outils. D'après les explications de notre homme à chapeau, la tonte s'avère être à la fois un art et un sport en Australie. Un art car la chose est délicate, à la fois pour le mouton et le tondeur. Ce dernier doit porter un pantalon de toile épaisse et des chaussures renforcées pour se protéger des coupures. Avant, c'était de charmants petits chaussons de laine bouillie. Le maniement du rasoir doit être extrêmement précis pour ne pas écorcher le mouton ou endommager la toison.

Là où ça devient un sport, c'est qu'il faut en avoir dans les bras, le dos et les jambes pour maintenir et tondre des dizaines de moutons à la chaîne. Sans compter qu'il faut être compétitif : plus un tondeur sera rapide, mieux il gagnera sa vie et surtout plus il sera adulé de ses pairs et de toute la région. Les meilleurs tondeurs sont des fiertés locales, des légendes vivantes dont le dernier chronométrage fera la une des gazettes. On a même appris qu'il y avait des championnats de tonte. Celui qui détient le record en ce moment est Dwayne Black : il tond un mouton en 45 secondes.

Après cet historique du tondage, un des moutons s'est trouvé embarqué pour la démonstration. Je les soupçonne d'en avoir sélectionné un particulièrement paisible, car il s'est laissé asseoir les fesses par terre, la tête coincée entre les jambes du tondeur, les quatre pattes tendues vers l'auditoire sans broncher. L'effeuillage a commencé dans un vrombissement (car ça a beau être ancestral, le rasoir électrique a remplacé le ciseau de tonte) : la toison de la tête, puis du cou a commencé à s'affaisser lentement et, arrivé au corps, ça a commencé à mal tourner pour le mouton. Le cow-boy s'est tourné vers l'assistance et a demandé : « Does somebody want to give it a try ? ».

Par estrado-phobie et par peur de blesser quelqu'un (moi-même ou le mouton), je ne me suis pas portée volontaire. Mais apparemment tout le monde n'a pas eu les mêmes scrupules, car la pauvre bête est passé entre les lames de tous les gamins surexcités du groupe. La toison obtenue, un peu chaotique forcément, a été lancée au dessus d'un genre de tamis, la débarrassant de tous les morceaux détachés, puis on nous a expliqué qu'elle serait triée en fonction de sa qualité puis compactée en ballots carrés de 100 kg pour être emmenée dans les lieux de transformation. Nous avons ensuite pu nous approcher et tâter la laine, étonnamment douce et grasse.

C'est donc les mains pleines de lanoline que nous nous sommes approchés du buffet, étape non moins importante de notre parcours. Puis, après de bonnes grillades et des biscuits secs à se casser les dents (des « Anzac biscuits », nommés ainsi en hommage aux soldats australiens qui se sont battus contre les japonais, sûrement pour montrer à tous comment la guerre était dure), nous sommes passés à la pratique. Notre cow-boy, Terry, nous a fait une démonstration de tournoiement et claquement de fouet et j'ai réalisé que ça n'avait rien à voir avec la gymnastique rythmique avec un ruban que je pratiquais avec un peu de talent (et beaucoup de bonne volonté) en CM2.

Pour commencer, il faut porter des lunettes de protection, ce qui en dit long sur le risque potentiel. Ensuite, la technique pour faire claquer le fouet est loin d'être facile à maîtriser. Terry nous a fait tester la figure la plus simple, pas celle où le fouet tournoie en claquant au-dessus de la tête, mais celle où il reste parallèle au corps.

Quand Terry le fait, ça a l'air ultra simple, mais une fois la chose dans les mains, c'est une autre paire de manches. Manche qu'il faut tenir dans la main droite, bras le long du corps, pointe du fouet qui s'étale derrière dans l'alignement du manche. Ensuite, il s'agit de relever le bras à la verticale pas trop vite. Arrivé au zénith, il faut rabattre le fouet au sol d'un coup sec, sans toutefois se déboîter l'épaule, et en gardant le coude souple. Et normalement ça fait un claquement sec comme un coup de tonnerre. C'est là que je me suis découvert un talent caché. Au bout de la dixième ou quinzième tentative, alors que la plupart avaient le fouet mou ou transformaient la démo en séance d'auto-flagellation, j'ai réussi à faire sortir le fameux bruit de mon fouet ! Ça s'est même reproduit plusieurs fois. J'aurai jamais cru qu'une âme de cow-boy sommeillait en moi...

Le lancer de boomerang a été beaucoup moins glorieux. Je suis une quiche en lancer quelque soit l'objet ou la technique : caillou pour ricochet, javelot, stylo, ballon... maintenant je peux ajouter le boomerang à la liste. J'ai eu beau suivre les instructions, le prendre comme un revolver, le poser avec le bon angle sur mon épaule et le projeter devant moi, il s'est écrasé misérablement à cinq mètres de mes pieds, sans décrire la belle et longue courbe qui se doit.

Cela dit, j'ai appris des choses sur le boomerang. Par exemple qu'il existe plusieurs types de boomerangs et qu'ils ne reviennent pas tous à l'envoyeur. Le returning boomerang était utilisé par les aborigènes comme jeu d'adresse et faisait l'objet de concours de lancers. L'autre type de boomerang plus lourd et moins courbé, appellé « killing stick » était une arme de chasse. Il était lancé en direction des oiseaux soit pour les atteindre directement soit pour les effrayer et les précipiter dans un filet posé au préalable dans l'arbre.

Dans tous les cas, cet objet lancé en pleine vitesse peut être dangereux. Enfin, tant que ce sera moi qui l'aura dans les mains, une chose est sûre : personne ne risquera rien.

MA SOEUR A SURVÉCU À AIR CHINA !

Sydney, le 01 avril

J'ai retrouvé Jule !!! Je l'ai retrouvée à l'aéroport, le cheveu terne (dû à 28h de voyage...), la peau blanchette (dû à quatre mois d'hiver rigoureux) et l'air éprouvé. Mais l'essentiel était qu'elle soit là, car il était moins une pour qu'elle reste en rade en Chine. Au début, tout se passait bien hormis quelques bizarreries chinoises sur les plateaux repas. On voyage sur Air China, ou pas. C'est à Shanghai que ça a mal tourné, lorsque l'escale prévue s'est transformée en transfert pour un vol intérieur. Ce n'était sûrement pas son jour de chance car tandis que tous les passagers s'acheminaient vers la correspondance, on lui a refusé l'accès sous prétexte qu'il lui fallait un visa chinois.

Bien entendu la communication entre ma sœur qui ne parle pas trop anglais et le personnel qui parle avec un fort accent chinois s'est transformé vite fait en dialogue de sourds...Ce n'est qu'après avoir été trimballée d'un bout à l'autre de l'aéroport avec une étiquette collée au bras comme un vulgaire bagage, qu'elle a finalement pu embarquer pour Beijing, à deux doigts de manquer le décollage.

Après le terrible stress de ce transfert, le petit déjeuner bouillon de champignons-croissant a achevé de transformer cet excitant premier voyage en avion en affreux périple.

C'est donc à la petite cuillère que je l'ai ramassée, pour la déposer quelques heures plus tard sur une plage de Sydney où elle a dormi comme une souche (au lieu de se baigner, ce qui est très très inhabituel) et en boule sur sa serviette (ce qui est contre toutes ses règles pour un bronzage réussi).

LE MYSTÈRE DE GUMI FALLS

Barrington Tops National Park, le 09 avril

Le camping de Gumi Falls avait l'air très sympa. Perdu au milieu de la Great Dividing Range, une chaine de montagnes à la végétation semi-tropicale au nord de Sydney, il devait être la troisième étape de notre périple à travers le New South Wales. Sauf qu'on le l'a jamais trouvé.

Le soleil était déjà bas à l'horizon lorsqu'on s'est aventurés sur la piste forestière menant aux Gumi Falls. Première erreur. Pour ne rien arranger, la piste s'est avérée être un chemin très étroit, gras, rocheux et plein de trous impressionnants. Impossible de faire demi-tour, alors on a continué à se faire secouer comme des pulpes dans une bouteille d'Orangina en priant pour arriver bientôt face à une belle cascade.

Après avoir croisé des tas de bifurcations qui ne figuraient pas sur la carte sans jamais atteindre le camping, on a commencé à se demander si on ne s'était pas complètement paumés, perspective pas très réjouissante vu notre isolement, la densité de la forêt et la nuit tombante.

Quand on s'est aperçu qu'un arbre était tombé en travers du chemin et qu'on a failli s'embourber en faisant demi-tour, on a jugé que la situation était désespérée. On s'est garés où on pouvait sur le bord de la piste et on a déballé notre attirail pour la nuit dans une obscurité totale.

On a passé la soirée à essayer de ne pas trop se demander quel genre de faune sauvage grouillait autour de nous, et à Jule qui s'est portée volontaire pour dormir dans la tente, Gaspard a confié un kit de survie : une grosse boîte de conserve et un tasseau de bois pour donner l'alerte en cas de pépin.

Le matin nous a révélé notre petit coin de forêt pas des plus hospitaliers et l'inspection des chemins environnants nous a confirmé que ce camping de Gumi Falls était une vraie supercherie.

Ils vont nous entendre chez Camp five !

HEY MATE !

Tamworth road, le 11 avril

En passant à travers les monts et les champs, les rivières et les ranchs, on a croisé deux cowboys en chapeau assis sur une barrière : un cliché vivant posé sur le bord de la route.

Ils nous ont fait un signe de la main et on a eu l'impression de faire partie de la bande (grâce à notre vieux Pajero qui fait authentique) mais on n'a pas réagi assez vite pour leur répondre. Il y a des fois on voudrait faire marche arrière pour reprendre la scène.

PÊCHE MIRACULEUSE

Red Cliffs, le 12 avril

Aujourd'hui, nous avons fait notre premier repas de poisson. De vrai poisson je veux dire, de poisson tout frais sorti de la mer. Vraiment, qu'est-ce que j'ai bien fait d'emmener Gaspard avec moi en voyage !

Pourtant, au départ niveau pêche c'était pas gagné : quand il était petit, Gaspard était un pêcheur persévérant mais éternellement bredouille. Vu qu'en Australie, la pêche est quasiment un sport national, c'était l'occasion ou jamais de remettre le pied à l'étrier. Les premières semaines après qu'il ait reçu une canne à pêche à Noël, je l'ai observé engraisser la population sous-marine de Glebe, dans la baie de Sydney, sans jamais remonter un poisson (ce qui n'était peut-être pas un mal vu les rats morts et les bouts de plastiques flottant aux alentours). Une chose était sûre : les appâts au poulet n'était pas seulement plus économiques que ceux aux crevettes, ils étaient aussi bien plus appréciés.

Fort de ses armes secrètes (le poulet et la persévérance), Gaspard a fini par remporter quelques succès dans sa quête du poisson, tout en relâchant ses prises trop petites, comme un vrai gentleman.

Aujourd'hui le poulet avait traîné au chaud et était, comme on dit, un peu faisandé, mais il faut croire que les poissons adorent ça car il est revenu au campement avec trois « dart swallow tails », une espèce qui surfe sur les vagues.

Et c'est là que ça s'est gâté. Moi, j'aime le poisson vivant dans l'eau ou cuit dans mon assiette, mais entre les deux c'est autre chose. Voir le poisson qui gigote, les yeux exorbités, au bout de la ligne ça me rend déjà triste alors tout le sale boulot qui suit, c'est-à-dire le décrocher de l'hameçon, l'assommer, lui couper la tête, le vider, j'ai laissé faire ça à Gaspard hors de ma vue et de mes oreilles. Je sais, c'est lâche...

Nous les avons fait cuire au barbecue, comme des australiens qui se respectent, et c'était un vrai régal : une chaire blanche et tassée et aussi « tasty » que de la truite sauvage.

LE PUB DE LOUTH

Louth, le 17 avril

Notre cidre, nous le boirons au comptoir, hissés sur les tabouret en branches taillées, comme les vrais ! Nous comprenons vite que c'est une position stratégique : il suffit de s'incliner d'un quart vers la droite (ou la gauche) pour surveiller toutes les allées et venues dans le pub, et d'un quart dans le sens opposé pour attraper sa nouvelle bière. Idéal.

C'est le premier pub d'outback que nous faisons et je crois que nous sommes bien tombés. Niveau situation, difficile de faire plus paumé : il n'y a qu'une piste qui y mène et encore elle est souvent inondée, et la moindre bourgade est à plus de 100 kilomètres. En fait, à Louth, il y a un pub, une cabine téléphonique (qui ne marche plus), une pompe à essence datant d'un autre temps et trois maisons déglinguées d'où s'échappent des chiens pelés et des airs de musique country. C'est tout.

A l'intérieur du pub, c'est comme un antre : sombre et chaleureux. Au mur, plus un espace de libre entre les trophées de pêche gueule ouverte, le homard encadré, les photos de concours de tonte de mouton, les portraits au flash de gens du coin en pêle-mêle, les médailles et les stickers. Même le frigo du bar est retapissé. Vraiment pas de quoi s'ennuyer.

Chaque sticker y va de son petit message, patriotique accueillant (« Australia, love it or leave it », « You are in a sheep country. Eat mutton, bastard ! »), humoristique (« Forget the dog, be aware of the wife ») ou plus énigmatiques (« Real woman don't have hot flushes, they have power surges », « The only true wilderness is between a greennies ears »).

OMELETTE AU CRIQUET

Louth, le 17 avril

Notre campement Décathlon est monté : ce soir, c'est champ d'herbes folles au pied d'un eucalyptus géant. C'est pas pour leur faire de la pub mais tous les soirs avec notre camping-gaz allumé, le 4x4 garé au milieu de nulle part et la tente plantée à deux pas, on a l'impression de faire des séances photos pour le catalogue. Sauf que…à peine la lampe à gaz allumée, nous voilà assaillis par des tas de criquets et d'un coup ça rompt le charme de la vie en plein air. Particulièrement lorsqu'ils se mettent à sauter dans l'omelette en préparation.

Las de résister aux assauts, on a mangé dans le noir et lorsque parfois ça croquait un peu plus que la normale, on a préféré ne pas savoir…

LES ROAD TRAINS

Tilpa-Louth road, le 18 avril

Ici, la faune routière est des plus hétéroclites : campervans, 4x4 mastocs bardés de pare-buffle et d'antenne radio, vans déglingues, bus aménagés tractant des voitures (parfaitement !), caravanes de toutes les tailles...

Vous l'aurez compris : ce n'est pas le pays de la Smart. Mais parmi la horde de véhicules que l'on croise sur les routes d'Australie, ce sont bien les road trains les plus impressionnants.

Les road trains sont des camions de marchandises, mais à l'échelle du pays, c'est-à-dire énormes. Ils transportent généralement trois ou quatre remorques grandes comme des wagons (d'où le nom), ce qui fait que quand on est derrière on a toujours la trouille que l'une d'elle se détache à force de se balancer, et quand on en croise un, on manque de se faire aspirer par l'appel d'air.

Ils soulèvent un tel nuage de poussière sur les pistes qu'on peut attendre un moment avant de voir de nouveau quelque chose devant soi. D'ailleurs, à l'entrée de certaines villes de l'outback, il y a un panneau demandant aux roads trains et aux chevaux (???) de s'arrêter avant de traverser la ville pour laisser retomber la poussière.

Malgré tous ces désagréments je les aime bien parce qu'on dirait des camions du cirque ou des jouets pour gamins avec leurs couleurs pétantes, leur carlingues brillantes et leur avant en forme de museau. J'aime surtout les voir passer la nuit depuis nos campements de bord de route. Avec leur myriade d'ampoules dessinant le contour de chaque remorque, on croirait des guirlandes de Noël. Un petit coup de klaxon à notre intention, et ils disparaissent dans la nuit.

RENCONTRE AVEC UN MINEUR D'OPALE

White Cliffs, le 20 avril

White Cliffs, qu'est-ce que c'est ? C'est une ville paraît-il, bien que la seule trace de vie soit un pub, une station essence à moitié désaffectée et une boutique à tout faire. White Cliffs, c'est surtout une colline percée de trous. Vue de haut, on croirait la surface de la lune. Tout ça parce que fin 1800, un adolescent qui chassait le kangourou a découvert par terre des morceaux d'opale, et qu'après, tout le monde s'est jeté sur le filon.

En tout cas, la comparaison avec la Lune n'est pas usurpée...on se croirait vraiment sur une autre planète. Après avoir slalomé entre les tas de cailloux et les trous mal rebouchés, nous brûlons de savoir à quoi ressemble une opale. Jule m'affirme que c'est rose, moi il me semble que c'est bleu vert et Gaspard lui, veut surtout savoir si les cailloux qu'il a déterrés par ci par là dans des tas valent quelque chose. Le dépliant touristique nous indique un showroom à droite sur la route. Nous pensions bêtement trouver une boutique type bijouterie un peu clinquante, remplie de pierres précieuses sous écrin. C'est en fait une petite pièce sombre taillée dans la falaise, remplie d'un bric-à-brac incroyable et de cailloux de toutes sortes.

Nous sommes accueillis par un avatar de Carlos version mine d'opale, c'est-à-dire plus poussiéreux et avec le pied à moitié gangréné. Son enthousiasme à nous montrer ses plus belles pièces et à nous raconter l'histoire de sa mine est communicatif. Il est vrai que pour passer sa vie à gratter la roche au risque de se bousiller la santé (ce qui a déjà l'air d'être le cas), il faut être sacrément passionné. Lorsqu'il nous raconte les histoires de White Cliffs, c'est pas Germinal mais presque, surtout lorsqu'on apprend que l'électricité y est arrivée seulement en 2001.

Il nous a filé le goût de l'opale, pourtant dans les boutiques à Sydney, j'ai toujours trouvé ça kitsch. Je suis tentée par la pierre à $500, qui change de couleur selon la lumière, mais bon…finalement le petit pendentif en toc à $15, avec à peine trois grammes d'opale remporte la mise. En d'autres circonstances, il m'aurait paru très laid (je vois ma sœur me regarder avec des yeux qui veulent dire « attention, faute de goût ! »), mais avec toute l'histoire de Carlos derrière, il me plaît énormément.

Une heure plus tard, nous quittons Carlos, sa jambe gangrénée, sa caverne quatre pièces, ses deux frigos et ses trois placards, sa femme qui ne sait pas compter (véridique !) et ses cailloux qui brillent, avec la sensation d'avoir vraiment pénétré la vie de White Cliffs. Et pour m'en souvenir, j'ai mon super médaillon !

VALSE SUR GLAISE

Mungo National Park, le 22 avril

C'est devenu un rituel. Chaque fois que l'on quitte le lodge, il se met à pleuvoir. Ce ne serait pas trop un problème si le lodge n'était pas à 80 km de toute route goudronnée et si la terre n'était pas glissante comme une savonnette dès le premier millimètre d'eau tombé. Cependant pas le choix, il faut que l'on rentre à Sydney et le plus tôt possible.

La petite pluie fine nous a préparé le terrain juste comme il faut : glissant en surface et ferme en dessous. Les cinquante premiers kilomètres se déroulent bien, moyennant une allure de 40 km/h et quelques embardées involontaires qui donnent l'impression que Gaspard s'amuse avec le volant.

Puis, on a cru avoir une idée de génie en empruntant une petite piste qui coupait à travers brousse, nous faisant gagner une trentaine de kilomètres de galère. Erreur !! Avec un peu plus de pente, elle aurait été idéale comme piste de luge, mais avec un 4x4 c'était une autre paire de manches. Même plus la peine de tenir le volant, on ne maîtrisait plus rien : une glissade à droite, une glissade à gauche, tout ça pour finir carrément dans le décor dans un tête-à-queue plutôt spectaculaire que Gaspard a réussi *in extremis* à transformer en demi-tour, emportant un buisson au passage...

Pour le raccourci c'était foutu, on a repris la piste principale direction Ivanhoe. L'ambiance dans la voiture était hétéroclite : Jule était aux anges, Gaspard concentré mais content et moi traumatisée et ratatinée dans mon fauteuil. Allez, plus que 30 kilomètres avant de retrouver une bonne vieille route goudronnée.

Nous avons connu un répit de quelques minutes puis alors que la piste paraissait enfin sèche, nous nous sommes retrouvés embarqués sans rien comprendre dans un nouveau tête-à-queue. En descendant de voiture pour éclaircir le mystère, nous avons compris toute la traîtrise du terrain. A chaque pas la terre se collait un peu plus sous nos semelles, les rendant affreusement lourdes et glissantes...Les chaussures de Paji-Pajo[*] étaient elle aussi enrobées de cette glaise, alors forcément niveau adhérence...

Après ce dernier coup d'éclat, Paji-Pajo s'est tenu à carreau et quatre heures et 80 km après avoir quitté le lodge, nous avons enfin atteint l'highway[1].

---

[*] *A force de vivre dans une voiture on finit par en devenir complètement gaga. On lui donne un nom, on la personnifie...*

[1] *Voir Glossaire du Bush, p. 334*

LES CARTES POSTALES D'IVANHOE

Ivanhoe, le 22 avril

Tout à notre joie d'avoir enfin atteint la minuscule bourgade d'Ivanhoe et affamés de tant d'émotions, nous nous ruons à la roadhouse[1] du coin.

L'endroit est typique de l'outback : nappe en plastique à grosses fleurs, éclairage au néon, fauteuil mi métal-mi sky, napperon en crochet et nuggets de poulet verdâtres (sur le menu c'était marqué « chicken chips » alors en bonne française, ma soeur a cru que c'était un poulet-frites. Pour la couleur, on n'a jamais trop su si c'était dû à l'éclairage ou si c'était la couleur naturelle). Et puis comme souvent, on y trouve de tout : des Tampax, des raviolis en conserve et des jouets pour gosses, pêle-mêle sur une étagère où ils semblent être là depuis une éternité.

Mais à la roadhouse d'Ivanhoe, il y a un petit plus, fièrement annoncé sur la devanture : des cartes postales. Pas celles en carton glacé un peu kitsch pour les touristes. De vraies photos du coin développées sur papier photo et collées à la main sur du bristol.

---

[1] *Voir Glossaire du Bush, p. 335*

Au début on a trouvé ça sympa et original ces photos amateurs de vaches banales sur le bord de la route, d'abreuvoir dans un champ ou de nuages ordinaires dont personne n'aurait eu l'idée de faire des cartes postales. Une sorte de poésie du quotidien, même si le côté poésie était difficile à discerner vu qu'elles étaient toutes un peu floues, ternes ou mal cadrées...

C'est alors qu'au cours de notre exploration, nous sommes tombées sur les deux perles de la collection : la photo floue d'un essuie-glace passant sur un pare-brise sale prise depuis le siège passager, et puis celle prise au flash d'un grillage avec tout en bas à droite un échidné à peine visible la tête dans une tôle. Avec Jule on s'est regardées. C'en était trop. Notre sourire amusé s'est transformé en terrible fou rire et comme on n'arrivait pas à se calmer et que ça devenait gênant, on a du sortir s'aérer un peu.

Du coup, malgré le stress de la route et les nuggets louches, on a vraiment pas regretté notre halte à Ivanhoe. Ça nous a encore fait rire pendant les vingt kilomètres suivants, c'est dire si notre journée était sauvée. (Et même en écrivant cette histoire, j'en ris encore)

LE VOYEURISME DANS LES SANITAIRES DE CAMPING

Hay, le 23 avril

Au camping de Hay, le principe c'est une salle de bain commune qui ne ferme pas à clé. En résumé, on fait comme à la maison. On se déshabille, on pose ses affaires (petite culotte, etc...) là où on peut, on écarte le rideau et on prend sa douche... en priant pour que personne ne rentre car en plus le rideau de douche est percé de deux trous judicieusement placés...

Heureusement, dans ce camping paumé moche, il n'y a personne d'autre que nous et la petite mamie terrée chez elle. Là où ça fait peur, c'est que dans un camping précédent (le même genre, glauque du bord de route), il y avait carrément un panneau interdisant de prendre des photos dans les sanitaires. Au départ, je me suis demandé qui pouvait bien avoir l'idée de prendre en photo des toiles d'araignée et du carrelage moche, et admettons, qu'est-ce qu'il y a de mal à ça.

Après j'ai percuté que c'était pas une histoire de curiosité touristique ou de propriété intellectuelle (déformation professionnelle) mais tout bonnement de voyeurisme. Et pour qu'on prenne la peine d'en faire un joli panneau en métal au lieu de griffonner sur le mur, c'est que c'est un problème à ne pas prendre à la légère.

LE COUP DE LA BRANCHE

Forbes, le 24 avril

Question poisse, Jule me fait une sacrée concurrence depuis qu'elle est en Australie. Après avoir failli passer ses vacances à l'aéroport de Shanghai, elle a réussi en moins de cinq minutes à transformer un campement dans un cadre idyllique en ruée aux urgences.

En effet, le CampFive nous avait mis sur la piste d'un super campement gratuit (un qui existait pour de vrai) et nous nous affairions gaiement à l'installation : Jule était partie chercher du bois, Gaspard montait la bâche et je déballais les affaires. Mais quelques minutes après s'être engouffrée dans les fourrés armée d'une hache, ma sœur en est ressortie en titubant, l'oeil fermé, le nez en sang en annonçant d'une voix blanche :

« Je me suis pris une branche dans l'oeil (en essayant de la casser en deux -ndlr-), je ne vois plus bien... »

Mon sang n'a fait qu'un tour. Moi, dès qu'il s'agit d'oeil, je tourne du mien, mais n'écoutant que mon courage, j'ai inspecté sa paupière ensanglantée pour constater qu'elle était sévèrement fendue...

Ma sœur est médecin, ce qui est à la fois un avantage

et un inconvénient. Des fois, ça fait moins peur de ne pas savoir exactement ce qui nous arrive. Mais Jule n'est pas du genre à se dégonfler pour une paupière crevée (elle s'est déjà recousu le genou toute seule et sans anesthésie une fois). Armée d'un miroir, elle a farfouillé fébrilement dans son oeil pour vérifier si la rétine n'était pas décollée et écarté la plaie pour voir si ça avait traversé la paupière. Un spectacle horrible. Tout ça pour arriver à la conclusion qu'il fallait suturer sans quoi le muscle risquait de mal cicatriser et elle passerait le restant de ses jours avec un œil tombant.

« Je le ferais bien moi-même mais c'est un peu risqué quand même »

Rien que l'idée d'une suture de paupière, ça me soulève le coeur, alors faire ça sous mes yeux hors de question !! Sans faire ni une ni deux on l'a embarquée aux urgences les plus proches, qui par bonheur, n'étaient qu'à une trentaine de kilomètres seulement.

Finalement, arrivés sur place, comme ce minuscule hôpital paumé ne lui inspirait qu'une confiance limitée, elle a appelé un collègue spécialiste de l'œil en France (pratique ces gens qui vivent constamment en horaires décalés), et s'est fait diagnostiquer à 20 000 km de distance. Il s'est avéré que la déchirure, orientée dans le sens du pli de la paupière, ne risquait pas de dégénérer, et que la vue ne semblait pas affectée. Et puis entre-temps, la blessure, coopérative, avait fini par se refermer toute seule, rendant la suture doublement inutile.

On s'est donc retrouvés les bras ballants à la nuit tom-

bée sur le parking des urgences, soulagés et se demandant :
«Bon, on dort où maintenant ??»

Epilogue : on a dormi au caravan park[1] de la ville, qui était parfaitement moche et tandis que Jule retrouvait déjà son entrain d'avant, il m'a fallu quelque temps pour me remettre du choc. La paupière ne s'est pas infectée et sa vue n'a pas été affectée sauf une petite réduction du champ de vision nocturne due au choc sur les bâtonnets de nuit, mais là ça devient un peu technique. Après cette mésaventure, elle a préféré se tenir à l'écart de toute branche sauvage.

---

[1] *Voir Glossaire du Bush, p. 333*

ILLUSION D'OPTIQUE

Bathurst, le 25 avril

En marchant autour de notre campement, j'ai croisé un serpent déguisé en corde d'escalade, ou l'inverse. Quoiqu'il en soit, j'ai eu une frousse bleue.

LES JOIES DES AIRES DE CAMPING GRATUITES

Blue Mountains, le 24 avril

Le cabanon des toilettes se trouve à l'autre bout de la « clairière ». Je dis « clairière mais à vrai dire je n'ai aucune idée du paysage alentour vu que nous sommes arrivés de nuit et qu'il fait une belle nuit noire sans lune. Tout ce que je sais, c'est que je vais devoir y aller mais que je n'en ai aucune envie. Surtout après avoir subi l'assaut répugnant de papillons de nuit monstrueux et avoir raconté à Jule en détail le film de Stephen King avec des insectes géants mangeurs d'hommes venus de la brume...

À la lumière du campement, il n'y avait vraiment pas de quoi faire des cauchemars. Mais là avec pour seul recours ma lampe torche vissée sur la tête et mes jambes pour courir, je fais nettement moins la maligne. Le faisceau qui éclaire un couloir de deux mètres devant moi en me dissimulant soigneusement tout le reste me donne vaguement l'impression de jouer dans un film d'horreur. La marche semble interminable, les herbes me trempent les pieds, il y a des bosses, des creux et des feux de camp abandonnés qui manquent de me faire trébucher. Le cabanon enfin en vue, mon sort n'est pas plus enviable car je vais devoir m'enfermer à l'intérieur. Mais avant cela, un balayage lumineux de haut en bas pour repérer d'éventuels attaquants. Personne. Installée sur le trône, j'inspecte dans un silence trop silencieux les deux mètres carré qui m'entourent : le mince fil de fer qui ferme la porte, la poutre en métal rouillé juste à gauche du siège, le toit maculé de toile d'araignées…Et me souviens de ce que m'a dit Gaspard avant de partir : s'ils ont mis une grille au dessous de la cuvette, c'est sûrement pour empêcher des bêtes de remonter…La question est restée en suspens : quel genre de bête ? Avant de me poser trop de questions, je suis sortie en hâte et me suis ruée vers la lumière rassurante de notre lampe à gaz. Sauvée !

Le lendemain au réveil : je dois me recoltiner les toilettes. De nuit, elles m'avaient semblé être à l'orée d'une forêt touffue : en réalité, c'est à peine s'il y a trois arbres clairsemés autour. La distance pour y aller me semble aussi beaucoup plus courte. Par contre, je découvre ce que la nuit m'avait épargné la veille. La fameuse grille tapissée de papier toilette a permis de récolter en différentes couches colorées les excréments de tout le campement. Quelle charmante découverte avant le petit-déjeuner…

VERNIS JUSQU'AU BOUT DES ONGLES

Sydney, le 27 avril

C'est ça l'Australie. Une suissesse expatriée à Sydney que nous avons rencontrée à peine trois fois nous prête son appartement pour un mois, le temps de son voyage en Europe. Juste au moment où on n'a plus un sou en poche, pas de projets précis en tête et un besoin immense de confort bourgeois (c'est-à-dire de l'électricité, de l'eau courante, une chambre, une salle de bain et un canapé). C'est pas de la veine ça ?

Elle est suissesse et nous nous attendons donc à un ordre irréprochable, des chocolats partout et des coucous au mur.

CHEZ WILLYA

Sydney, le 02 mai

On a erré pas mal de temps chez Willya, fascinés par le moelleux du canapé. Eh bien, niveau chocolat dans le placard et appartement tiré au cordeau, on s'était complètement plantés. Chez Willya, en fait c'est comme ça :

La lumière de la cuisine met tellement de temps à s'allumer qu'on croirait un lever de soleil. Chez Willya parfois on entend par la fenêtre quelqu'un jouer au piano cette musique du Parrain que j'adore. Chez Willya, quand on appuie trop longtemps sur la chasse d'eau elle coule indéfiniment comme une cascade tumultueuse. Chez Willya, il y a des tas de petits cadres au mur et pas un seul aligné. Chez Willya, il y a des petits galets colorés posés partout, même au bord de l'évier. Chez Willya, il y a un trou de peinture écaillé sur le mur en forme de poulet. Chez Willya, il y a des pêle-mêles de photos de gens que je ne connais pas. Dans les placards de Willya, il y a des boîtes de graines qui se mangent mais je ne sais pas comment. Dans la chambre de Willya, il y a un grand patchwork rose et bleu accroché au mur. Chez Willya, les peintures aborigènes, les masques chinois, les bouddhas, le Dalaï lama, Ganesh et les angelots vivent tous sous le même toit. Chez Willya, les énormes feuilles des arbres de la cour essayent sans cesse de rentrer par la fenêtre. Chez Willya, les nuits où il y a du vent, on entend une clochette tinter dans la cour. Chez Willya, il y a des piles de magazines tellement hautes qu'elles sont prêtes à s'effondrer. Dans la bibliothèque de Willya, il y a aussi un bonnet de bain, un œuf en chocolat, de la liqueur de mûre, des pommes de pin et des remèdes chinois.

Chez Willya, il y a les mêmes fenêtres que dans Tom Saywer. Chez Willya, il y a du talc pour bébé et de la cannelle pour repousser les fourmis. Chez Willya, on ne se sent jamais seul car il y a un criquet.

MAI À SYDNEY

Sydney, le 05 mai

Des horaires d'hiver, des chocolats de printemps, des vitrines d'automne, des températures d'été.

LA GRANDE AVENTURE
**SYDNEY – FLINDERS RANGES – LAKE EYRE
OODNADATTA TRACK – ALICE SPRING**

01 juin - 23 juin

ALERTE ROUGE

Yunta road, le 01 juin

Dans l'outback, il y a des choses à ne pas faire, comme marcher le nez au vent. Pour ça, j'ai déjà intégré les règles de base : porter toujours des chaussures fermées, regarder où on pose les pieds, et taper des semelles pour signaler son arrivée. Ce que je n'avais pas compris, c'est que ce qui s'applique aux pieds, s'applique aussi aux mains. C'est ainsi que je me suis retrouvée accidentellement à deux doigts de cette superbe et très dangereuse créature qu'est la Red Back Spider, alors qu'on attaquait la fleur au fusil notre grand périple dans l'outback.

Comment est-ce arrivé ? En faisant l'intéressante pour une pose photo, tout simplement. Plus précisément, en tournant la manivelle rouillée d'une éolienne au bord d'une piste paumée, histoire de faire plus vrai.

C'est Gaspard, le photographe, qui a donné l'alerte. Lorsqu'il a aperçu une chose crochue qui, dérangée par le mouvement de la manivelle, sortait de son trou, il m'a dit : « Retire ta main! » (qui gisait à quelques centimètres de la bête).

Pour une fois je me suis exécutée vite fait sans poser de questions, et d'un coup d'oeil j'ai su que je l'avais échappé belle. Un corps noir et un trait rouge sur l'abdomen : je venais de me faire prendre en photo avec la deuxième araignée la plus mortelle d'Australie. En réalité, c'est celle qui a le venin le plus fulgurant, mais on la trouve rarement dans des endroits habités, ce qui diminue le risque de la rencontrer. D'ailleurs je confirme : il n'y avait en effet pas âme qui vive à une cinquantaine de kilomètres à la ronde, et bien entendu aucun réseau de téléphone. En gros, en cas de morsure je n'avais plus qu'à faire mes prières.

Par bonheur, elle n'a pas pris ma main pour une proie géante et à la place, j'ai eu droit à deux jolies photos. C'est ça la vie de reporter, faut savoir mouiller la chemise.

ATTENTION, BÉTAIL ERRANT

Yunta - Wilpena road, le 06 juin

Après notre sympathique rencontre avec la Red Back, nous avons continué à nous familiariser avec la faune « South australienne ». Personnellement, bercée par les chaos de la piste j'aurais bien roupillé un peu, mais les habitants du coin étant des vaches et des moutons, nous nous sommes heurtés à une bonne dizaine de barrières. D'habitude ce sont les «grids» qui font le boulot de garder le troupeau à l'intérieur des enclos, mais là qui est-ce qui a dû descendre toutes les cinq minutes pour ouvrir et refermer les barrières après notre passage ?

Je me plains mais en réalité j'étais plutôt contente de mon rôle d'ouvreuse de barrière, et ce pour deux raisons. Premièrement parce que dans « Les oiseaux se cachent pour mourir », un de mes romans préférés qui se passe dans l'outback australien, j'avais lu qu'il fallait ouvrir une vingtaine de barrières avant de pénétrer sur la propriété, et j'ai toujours trouvé ça fascinant (et très surréaliste). Du coup, rien qu'en soulevant un loquet et poussant une barrière, je me suis sentie dans la peau d'un personnage romanesque.

Deuxième raison, ça m'a permis de tomber sur un spectacle pas banal : des bouts de fourrure bicolore éparpillés sur la piste. Intriguée quant la provenance de ces pelures, j'ai inspecté les environs et je suis tombé sur bien plus incroyable : une oreille arrachée, puis des morceaux de pattes de chèvre avec les sabots. Les hypothèses sur la raison d'une telle dispersion du corps m'ont occupée pendant une partie du trajet.

Soit la bête a ingurgité un explosif (peu probable), soit elle s'est fait dévorer par une bête sauvage (mais à part la bête du Gévaudan, les prédateurs ne sont pas amateurs du démembrement), soit elle s'est fait renverser par le 4x4 d'un gars du coin, qui ne voulant pas gâcher tant de bonne viande, s'est saisi de sa machette à l'arrière et a pris ce qui l'intéressait, laissant pattes, oreilles et pelage au sol. Et la tête me direz-vous ? Certainement encadrée sur le mur de la salle à manger !

Il y a quelques mois je n'aurais pas élaboré un tel scénario, mais connaissant un peu mieux les us et coutumes de l'outback, je ne m'étonne plus de rien...

EAU DE BROUSSE

Yunta-Wilpena road, le 09 juin

On pense naïvement que l'eau qui sort du robinet est toujours transparente et insipide. Je peux vous affirmer que ces trois semaines au coeur de l'outback ont révolutionné ma vision de l'eau.

En Australie, il y autant de couleurs et de saveurs d'eau que de couleurs de sol : il y a l'eau blanc-grise au goût de craie, l'eau marronnasse au goût de moisi, l'eau orangée au goût de terre et l'eau transparente au goût de métal.

Parfois, on se demande si ces eaux sont potables, mais on ne se le demande pas trop longtemps vu qu'il n' y a que ça. Trouver de l'eau dans l'intérieur du pays est déjà un luxe, on ne peut pas se permettre d'être difficile.

PREMIÈRE DOUCHE SOLAIRE

Yunta-Wilpena road, le 10 juin

Les grandes étendues du South Australia nous grandiosent. Nous traversons des plaines ocre-vert, des villages décatis, des ruines d'anciennes fermes de pionniers pleins d'espoir, nous sommes entourés de monts bleutés se perdant à l'horizon, sur des pistes tellement étroites qu'on croirait rouler au hasard dans le paysage.

De la matinée nous n'avons pas croisé un chat, à peine quelques kangourous. L'endroit est donc idéal pour étrenner en toute tranquillité notre douche solaire version de brousse, dont l'efficacité n'a rien à envier aux panneaux photovoltaïques. En fait, c'est juste une poche en plastique noire munie d'un tuyau et d'un petit pommeau de douche. Après avoir chauffé quelques heures au soleil dans la voiture, l'eau glaciale atteint une température décente et il ne reste plus qu'à l'accrocher en hauteur sur une branche et se mettre en tenue d'Ève. C'est là que ça se complique. Déjà il faut s'assurer que la piste est assez peu fréquentée avant de se lancer dans un striptease, ensuite, il faut que le soleil ait suffisamment réchauffé l'air pour en avoir envie...

Ces deux éléments étant vaguement réunis aujourd'hui (si ce n'est un petit vent frais et la possibilité, infime mais présente, de voir un 4x4 faire irruption), je me suis jetée à l'eau.

Le verdict, à peine cinq minutes plus tard (il ne fait pas une chaleur au point de s'attarder) : la sensation de se doucher en pleine nature, en style Ushuaïa, est totalement grisante. Mais pour le côté Ushuaïa, il manquait quand même deux ou trois trucs : quelques litres d'eau supplémentaires (deux litres ça fait un peu juste...), une bonne dizaine de degrés de plus, des cheveux plus longs, une fleur d'hibiscus quelque part et un gel douche parfumé qui mousse à l'infini. Tout ce qui rend la douche en plein air glamour quoi !

Pour me consoler, je me suis dit que mon créneau c'était la douche écolo : technologie 100% naturelle, pas un centilitres d'eau gaspillée... Et puis même si mon gel douche, qui fait aussi produit vaisselle, shampoing et lessive, mousse autant qu'un après-shampoing et ne sent pas très bon, au moins il est bio-dégradable.

Et c'est donc lavés, rafraîchis, et la conscience propre que nous avons repris la route, cahin-caha, vers le massif des Flinders.

PROBLÈMES DE VOISINAGE

Flinders Ranges, le 11 juin

Nous faisons notre première étape dans les Flinders Ranges, une chaîne de montagne au nord du South Australia réputée pour ses formations géologiques étonnantes et ses sentiers de randonnées.

Notre campement dans une forêt fraîche et verdoyante est inhabituellement civilisé : on a des dizaines de voisins, de quoi se faire un barbec' au feu de bois, de vraies toilettes et des douches (que j'ai été incapable de retrouver après la tombée de la nuit, et j'ai failli passer la nuit à errer dans la forêt parce qu'en faisant demi-tour, résignée, je n'arrivais plus à localiser notre campement non plus).

Niveau voisin, on s'est vite rendu compte qu'ils n'étaient pas que bipèdes et anglophones. Dès le crépuscule des tas de petits kangourous poilus ont commencé à sortir d'on ne sait où, et à se balader entre les arbres. Un charmant tableau !

Ce n'est qu'à la nuit que nous avons réalisé que ces voisins étaient plutôt du genre envahissants. Nous étions autour du feu en train de regarder le pain cuire et les flammes danser (ce qui constitue l'essentiel de nos occupations après le coucher du soleil) lorsque deux kangourous ont fait irruption dans la lumière.

Au début, on était tout attendris de les voir s'approcher de la marmite de pain et se brûler le museau sur les braises, du coup on osait à peine bouger pour ne pas les effrayer. Puis, vu comment ils prenaient leurs aises, on s'est demandés s'ils avaient remarqué qu'on était là...on a regardé le plus grand lécher la farine sur la table avec étonnement. Finalement, on s'est rendu compte qu'ils avaient bien noté notre présence mais qu'ils n'en avaient rien à cirer. On a commencé à se sentir un poil envahi et on a eu peur qu'ils nous décochent un coup de patte pour avoir un bout de pain. Alors, on s'est levés, Gaspard a brandi la pelle et on les a renvoyés paître dans leur sombre forêt.

Ces animaux sauvages, ils se croient vraiment chez eux.

MYTHOLOGIE NOCTURNE

Flinders Ranges, le 12 juin

Nous campons maintenant dans les montagnes à l'extrémité nord du parc national des Flinders. Nous sommes entourés de roches ocre abruptes tandis que dans le fond de la gorge un filet d'eau coule, bordé de végétation. C'est très beau mais on n'en profite pas longtemps, vu qu'à 18h30 il fait nuit noire...ensuite, on n'a plus que les bruits de la nuit et la chaleur du feu pour nous tenir compagnie. Enfin presque. Gaspard me soutient qu'il a entendu une chèvre éternuer et qu'il a aperçu dans la pénombre un kangourou sauter dans les escarpements. Je suis plutôt sceptique mais à partir d'une certaine heure toutes les interprétations sont permises.

Le lendemain matin, en se baladant dans le fond de la gorge à deux pas de notre campement, nous avons découvert la grotte du yéti des Flinders. Au début, je disais ça pour rigoler parce que de loin elle y ressemblait. Et puis en grimpant à l'intérieur, on a trouvé des petits ossements posés sur une pierre, comme les reliefs d'un dîner laissés sur la table.

On aurait bien attendu son retour, appareil photo en bandoulière, histoire de voir à quoi il ressemblait, mais on avait autre chose de prévu. On ne se saura jamais, si ça se trouve c'était la tanière d'un Wombat géant à nez poilu rescapé de l'Âge de glace.

PASSAGER CLANDESTIN

Flinders Ranges, le 13 juin

En prenant une nouvelle paire de chaussettes dans son sac ce matin, Gaspard a eu une drôle de surprise... Il lui a semblé apercevoir un petit caillou à l'intérieur de la chaussette droite, alors il la retourne et « oh! », en fait le petit caillou est orangé et il a des pattes. Non ce n'est pas un crabe mais une araignée toute bizarre ! Passé le choc (j'aurais pas aimé que ça m'arrive un truc comme ça), nous nous sommes inquiétés de savoir comment la bestiole avait pu atterrir dans un endroit aussi inaccessible qu'une chaussette pliée dans un sac fermé.

La solution de l'énigme nous est apparue quelques heures plus tard. Notre passager clandestin n'était autre que l'araignée du fil à linge du lodge. Elle avait dû s'installer peinard dans une chaussette en train de sécher (vu qu'on laisse toujours notre linge traîner au moins deux jours sur le fil), et se faire embarquer au moment du ramassage. Ce qui veut dire qu'on la trimballe depuis deux semaines, et que du coup ça fait deux semaines qu'elle se serre la ceinture. On l'a abandonnée par terre, petit caillou parmi les autres, avec un pincement au cœur de l'avoir arrachée ainsi à sa maison. En plein milieu des Flinders, elle n'est pas là de retrouver une chaussette accueillante, la pauvre.

ARKAROOLA OU LE VILLAGE MAUDIT

Arkaroola, le 14 juin

Situé dans la partie nord de la chaîne des Flinders, Arkaroola est d'après le Lonely planet, le village le plus petit et le plus isolé d'Australie : cinq habitants permanents, difficile de faire moins en effet.

On a vite compris pourquoi : l'unique piste qui mène au village (et nulle part ailleurs, c'est un cul de sac) est sinueuse et pleine de tôles ondulées, et le paysage alentour est complètement désolé : rien que des montagnes rocheuses totalement dépourvues de végétation. Mais bizarrement le charme opère. Oui, ce nid d'aigle possède un genre d'aura inexplicable.

En tout cas ce n'est pas le Visitor Center (signe, tout de même, d'une activité touristique) qui nous apportera des réponses sur la question de l'aura. L'endroit a l'air d'avoir été déserté depuis des décennies : les papiers sont jaunis, les panneaux se décollent, les objets disparaissent sous des couches de poussière et des toiles d'araignée tapissent les vitrines. Pour ajouter au style « maison hantée », je découvre dans un sursaut un énorme python roulé en boule sur une table...Gaspard me rassure, il est en plâtre ! Mais dans la pièce d'à côté il y a l'original, roulé dans la même position, dans un vivarium. Je les soupçonne d'avoir fait le moulage directement sur lui et apparemment il n'a pas bougé depuis. Ce que je comprends vu l'ambiance mortelle qui règne dans la pièce. Je me demande qui a eu la cruauté de l'abandonner ici.

Ce qu'on devine à l'observation des lieux, on le découvre en feuilletant l'histoire de la région : Arkaroola a eu une enfance difficile...on peut même dire que c'est « Jo la poisse ».

L'endroit est découvert en 1840 par l'explorateur Edward Eyre arrivant par le mont Hopeless (ça aurait dû lui mettre la puce à l'oreille). Les pionniers sont optimistes : sous ces roches inhospitalières, il doit bien se cacher un peu d'or... en guise d'or, c'est du cuivre que l'on découvre. Une petite ruée au cuivre qui s'essouffle rapidement vu la faiblesse du gisement. Une terrible sécheresse en 1863 achève de faire fuir tout le monde. Fausse joie.

En 1910, certains ne sont pas découragés et mettent la main sur un gisement d'uranium. C'est de nouveau l'excitation générale...sauf qu'une fois de plus Arkaroola ne tient pas ses promesses : le gisement, peu productif, est rapidement épuisé, et la région de nouveau désertée.

En 1937, on tente une nouvelle approche. Puisque niveau exploitation de rocaille, c'est pas trop ça, on se lance dans l'exploitation de bétail. Bilan quelques années plus tard : les moutons se cassent les pattes dans les rochers, meurent de froid puis de chaud, de faim et de soif ! Il faut dire qu'il pleut une fois par an et que les rares végétations sont dévorées par les ânes et les chameaux sauvages rescapés de l'époque des pionniers. Et je ne parle pas des invasions de sauterelles.

Suite à cette dernière faillite, l'unique famille restante (les fameux cinq habitants !) décide de tenter la carte du tourisme : Arkaroola sera un parc national ! Mais la série noire continue puisque le dossier est rejeté trois ou quatre fois, jusqu'à ce qu'à force d'obstination, le massif obtienne le statut de « Wildlife sanctuary» en 1996.

C'est le happy end auquel on ne croyait plus. Ainsi, grâce au charme indescriptible (et visiblement addictif) de cette région sauvage, les australiens (et quelques jeunes français un peu fous) viennent visiter Arkaroola pour ses expéditions en 4x4 acrobatiques, ses sentiers de randonnées au milieu des falaises d'ocre et son observatoire astronomique.

THALASSORADIATION

Arkaroola, le 15 juin

Arkaroola nous réserve encore des surprises.

Avec les températures qu'il a fait ces derniers jours dans les Flinders, nous n'avons pas abusé de la douche solaire... Aussi lorsque nous avons appris qu'il se cachait à quelques encablures d'Arkaroola une source chaude naturelle, nous avons flairé le bon plan : avec un bain, nous allions pouvoir lier l'utile à l'agréable. Nous nous sommes rués sur le centre d'information pour recueillir plus d'informations sur cette source miraculeuse, et là tous nos rêves de propreté se sont écroulés.

Car l'eau y est chauffée naturellement, certes, mais par des gisements souterrains d'uranium... C'est un phénomène unique au monde, paraît-il, mais bizarrement personne ne s'en vante trop dans le coin. En tout cas, niveau ablution, on repassera. Même respirer autour trop longtemps peut être « hazardous » car il s'en dégage des gaz de radium, d'hélium et autres composants chimiques plus ou moins nocifs.

Il n'en fallait pas plus pour piquer notre curiosité. L'accès n'étant pas interdit (il faut juste s'armer de patience et d'un 4x4 bien surélevé), nous avons fait le plein et réservé notre après-midi pour partir à l'aventure.

Au début, en roulant à 20km/h ça cahotait mais ça

allait. Jusqu'à ce que la piste bifurque en deux itinéraires : un panneau indiquait que l'un d'eux était pour 4x4 uniquement mais disposé de telle façon qu'il était impossible de savoir lequel il désignait. Le premier faisait grimper sur un dos d'âne qui ressemblait à un bout de piste noire de ski, le deuxième proposait un chemin à plat mais parsemé de rochers énormes qui n'allaient pas manquer de crever un pneu ou arracher le bas de caisse.

Après un long temps de délibération, nous avons opté pour le dos d'âne en priant pour que Pajo ne nous lâche pas en plein milieu. Que nenni ! En faisant chauffer à fond le moteur nous sommes arrivés en haut du dos d'âne et avons tout redescendu sans lâcher le frein.

C'était l'avertissement, c'était le « est-tu sûr que tu veux continuer ? Parce que tu sais, tu vas en baver... ». Mais ignorant la voie de la sagesse, nous avons continué à nous enfoncer dans ces montagnes inhospitalières, et effectivement nous avons serré les fesses plus d'une fois au cours des heures suivantes...des traversées de lits de rivières hérissés de caillasses pointues, des portions étroites avec vue plongeante sur le vide, des montées cabossées et glissantes. Autant dire que Pajo nous a secoué en tout sens, c'était pire qu'un tour de dromadaire.

Malgré la route accidentée, ou plutôt grâce, nous avons eu le temps d'admirer le paysage, qui était aussi splendide que sauvage, largement le temps même : eh oui, deux heures pour faire 26 km. Au bout de ces deux heures éprouvantes on s'est mis à espérer qu'on ne s'était pas cassé les pneus, les suspensions et la colonne vertébrale pour rien. Elle avait intérêt à assurer cette source chaude !

En fait, elle était tellement grandiose qu'on a eu du mal à la trouver. Après avoir fait le tour à pied de la zone indiquée, on s'est rendu compte que le bassin principal c'était la mare verdâtre qu'on avait passée en premier sans y prêter attention. Quoi ? C'est ça le phénomène unique au monde ? La première déception passée, on s'est aperçus en observant de plus près qu'il se passait des trucs assez marrant là-dedans. Déjà, la couleur verte de l'eau, se détachant sur les rochers ocre, puis la fumée qui se dégageait par endroit (des vapeurs de radium et d'hélium mais pas assez pour nous donner une voix bizarre, dommage) et des flopées de bulles s'échappant des profondeurs. En bref, on se serait cru devant la marmite d'une sorcière.

Amusant, certes, mais cela valait-il le coup de se cogner 4h de route, cogner étant exactement le bon terme. On ne s'est pas posé la question trop longtemps car il fallait qu'on garde un peu de courage pour le retour...

Epilogue : Finalement on n'a pas regretté une seconde cette folle expédition (car mettre en danger notre Pajo pour aller s'irradier devant une mare effervescente n'avait rien de bien rationnel). Déjà on fait partie des rares personnes à avoir vécu cette expérience et en plus maintenant on sait qu'on peut rouler vraiment partout !

DOMMAGES COLLATÉRAUX

Arkaroola, le 16 juin

Pour clore la série Arkaroola, je tiens à préciser que de retour de notre expédition aux sources chaudes, nous avons constaté que les pneus n'avaient été les seuls à souffrir : avec les secousses, le couvercle de la confiture s'était ouvert tout seul : on a donc retrouvé le contenu de la glacière baignant dans un mélange de confiture et de glaçons fondus. La moitié des œufs étaient cassés, bien évidemment.

Même en nous pressant, nous n'avons pas réussi à arriver au camping avant la nuit. La température ayant atteint entre temps celles du cercle polaire, c'est habillés comme au ski que nous nous sommes hâtés aux douches, dans des sanitaires nimbés d'une lumière jaune citron et ouverts aux quatre vents. L'eau était chaude mais rare et de couleur (et odeur) boue, aussi je ne suis pas sûre que ça m'ait vraiment lavée mais je me suis consolée en me disant qu'un masque intégral « terre d'Arkarrola » ne pourrait pas faire de mal à mon épiderme.

Les heures passant, ça ne s'est pas arrangé niveau température. Même couverts de tout ce que notre valise contenait de chaud (bonnet + capuche + gants + écharpe + polaire + legging + pantalon + veste), c'est tout juste si on ne devait pas s'asseoir dans le feu pour se réchauffer. C'est le moment que j'ai choisi pour me lancer dans la fabrication d'un gâteau au citron avec les deux œufs survivants. Lorsque Gaspard a fini par sortir le thermomètre et m'a annoncé -3°, j'ai mieux compris pourquoi j'avais les mains gelées dans la pâte…Et devinez quoi ? Ce gâteau au citron a été ma plus grande réussite en pâtisserie. Comme quoi, ils ont bien raison dans les livres de cuisine, ce qui compte c'est que les ingrédients soient tous à température ambiante.

Malgré le legging, le sac de couchage, la couette en plume, la couverture en polaire, et le bonnet sur la tête, nous avons passé la nuit à lutter contre le froid, et d'autres dangers car à force de vouloir boucher toutes les issues j'ai failli me retrouver étouffée dans la capuche de mon sac de couchage.

Après cette nuit en pointillés, nous avons eu la délicieuse surprise de trouver du givre sur les vitres intérieures au réveil…un coup d'œil au thermomètre nous a confirmé que, non, nous ne rêvions pas : 2° dans la voiture au matin, ce qui laissait imaginer que dans la nuit nous avions frôlé le 0.

VUE !

Painted Desert, le 19 juin

Comme je l'ai expliqué, prendre sa douche en plein air a ses avantages et ses inconvénients. Pas évident par exemple de trouver un coin tranquille et abrité du vent pour se mettre en tenue d'Ève, lorsque qu'il n'y a rien de plus haut que du bluebush et qu'un 4X4 peut faire irruption à tout moment.

Aussi lorsqu'on a décidé de s'aventurer sur une petite piste traversant le Painted Desert, à J+4 de notre dernière douche, sans croiser âme qui vive, nous avons pensé que c'était le bon moment pour se lancer dans des ablutions. Toutes les conditions étaient réunies : le soleil réchauffait encore l'air et notre campement était proche de la piste mais légèrement en contrebas, dans une petite cuvette arborée. Le coin était charmant et nous avions l'humeur joyeuse. J'ai accroché la douche à la branche d'un arbre dans la pente montant vers la piste, le seul suffisamment haut et ensoleillé, installé le caillebotis en plastique, et suspendu ma serviette et mes vêtements à une branche.

À peine avais-je attaqué la phase de savonnage qu'un 4X4 faisait irruption derrière la butte. Comme il n'y avait que l'arbre, rachitique, derrière lequel s'abriter, j'ai opté dans la panique pour la position de l'œuf. Mortifiée, j'allais me relever après son passage lorsqu'un autre véhicule a déboulé dans son sillage. Quatre autres 4X4 arrivaient à sa suite, un vrai défilé de la honte. D'autant qu'on a reconnu nos voisins de campement de la veille venus en convoi, et qui avaient décidé, comme par hasard, de faire eux aussi un détour par ici.

Pour bien enfoncer le clou, ils ont fait demi-tour quelques kilomètres plus loin, et ont eu droit cette fois à la séance de rhabillage.

Tout le reste de la soirée, nous avons eu des activités tout à fait présentables mais personne n'a plus montré le bout de son nez, à part un dingo chanteur rôdant autour de notre campement à la nuit tombée.

ABORIGÈNES DROIT DEVANT !

Marla, le 20 juin

Le Painted Desert. Des étendues de minéraux multicolores, blanc, rose, brun, vert, parfois disposés en couches sur de grands monticules érodés : le paradis des amateurs de cailloux, et de tout amateur de beauté.

Et puis patatras ! Après deux heures de bonheur intense, subitement une intersection : la route goudronnée. Trois semaines qu'on n'avait pas posé la roue sur du bitume, et on n'avait pas eu à s'en plaindre. Une platitude infinie nous attendait et un peu plus loin Marla, la première « ville » depuis Maree, au départ de l'Oodnadata Track. A quelques kilomètres de Marla, nous avons soudain aperçu des masses sombres vacillantes au loin sur la route. Nous avons cru à du bétail errant et avons ralenti. Quelle n'a pas été notre surprise de découvrir en approchant qu'il s'agissait d'aborigènes qui marchaient au milieu de la route, tentant en fait d'arrêter des voitures.

Nous avons d'abord été surpris, car après six mois de baroudage dans le sud-ouest de l'Australie, c'était la première fois que l'on voyait des aborigènes. Je veux dire à part celui qui joue du didjeridoo pour les touristes à Circular Quay, à Sydney.

Surpris, effrayés par leur mine, nous nous sommes souvenus des avertissements de Jacques : « Ne vous arrêtez surtout pas si des aborigènes vous interpellent sur le bord de la route ». Il nous avait raconté qu'une fois, s'étant arrêté à leur appel, il avait aperçu une des femmes avec une pierre cachée dans le dos, et il était reparti aussi sec.

Alors, le cœur battant, nous avons fait un détour sur la route et avons continué notre route, un peu honteux.

SOS VÊTEMENTS

Stuart Highway, le 23 juin

Hier, j'ai eu la vision furtive de mon placard à vêtements de Paris, et ça m'a rendue toute nostalgique. Des étagères pour poser, des cintres, une porte, de la place et du choix. Le rêve !

Ça fait maintenant six mois que je fais subir à mes vêtements les pires atrocités : compression à mort dans un sac de plus en plus plein, crachas de lama, sèche-linge sur avis contraire de l'étiquette, passage dans d'innombrables machines à laver plus ou moins douteuses, usage plus qu'intensif et dans des conditions extrêmes...Certains ont été déchirés, d'autres usés jusqu'à la trame, ils ont successivement rétréci au lavage, se sont détendus, puis ont de nouveau rétréci, ils ont déteint, séchés sous un soleil brûlant ou mouillés sous une pluie battante.

Cinq mois qu'ils n'ont pas reposé en paix sur une étagère, attendant gentiment la relève des affaires d'hiver. Heureusement j'ai été prudente : la plupart de mes affaires, je les ai empruntées à ma sœur avant de partir, en échange de mes vêtements d'hiver. Faudrait d'ailleurs que je l'avertisse en douceur qu'elle risque de les retrouver un peu changées. Notamment le t-shirt orange qui a bouloché au lavage et qui a un trou depuis qu'il s'est accroché à un clou dans une cuisine de backpacker. Ou encore le mignon petit haut rose qui est devenu tout pâlot depuis sa nuit de séchage à la pleine lune. Et que dire du pantalon noir qui est percé aux fesses…En même temps, à quoi ça sert des vêtements si on peut rien faire dedans ?

Et moi dans tout ça ? J'ai beau être une fille pas trop chochotte, je n'aime quand même pas m'habiller comme un sac. Mais je m'adapte plutôt bien : je me résigne à porter des vêtements ultra-chiffonnés (je n'ai jamais été fanatique du repassage heureusement…), et le fait de porter toujours la même chose depuis des mois me déprime à peine. Comme quoi, c'est dans l'adversité qu'on réalise sa force mentale.

ESCALE DANS LE CENTRE ROUGE
ALICE SPRING

29 juin - 12 juillet

L'AUSTRALIE VUE DU COEUR

Alice Spring, le 29 juin

Vraiment, on ne pourrait pas trouver plus déprimant : nous sommes dans le Centre Rouge[1], où il est censé faire chaud et ne jamais pleuvoir, or il fait un temps de novembre en Normandie. En plus, nous arrivons à court d'argent et nous devons nous y arrêter pour trouver du boulot.

En fait, ça pourrait être plus déprimant : on pourrait être en camping à se geler les pieds dans la boue. À la place, nous avons un toit, gentiment prêté par Clémence, que nous avons rencontré brièvement en quittant le lodge.

La mission boulot s'annonce délicate : nous recherchons quelque chose dans le domaine de «l'hospitalité» (bar, restaurant, hôtel), donc pas question de se présenter avec le cheveu dégoulinant, une veste polaire sur le dos et des bottes en caoutchouc aux pieds, même avec de seyants imprimés léopard (je les ai débusquées à Mildura et je les adore !). Nous devons jouer le jeu : avoir l'air tout beaux, tout nets et motivés, alors qu'on se les gèle, qu'on a le moral dans les chaussettes et une furieuse envie de rester enfermés avec un bon chocolat chaud.

D'ailleurs à la fin de la journée, le bilan est mitigé. Nous

[1] *Voir Glossaire du Bush, p. 335*

avons laissé quelques CV en réponse à des annonces en vitrine des bars et restaurants, mais rien de probant.

Notre déambulation nous a au moins donné l'occasion de visiter Alice Spring. C'est une ville plutôt étonnante : elle est traversée par une rivière asséchée depuis des lustres, dans laquelle on fait des compétitions de Rock Canoë, et est bordée de falaises rocheuses alors que tout autour c'est le désert. Une sorte d'oasis de sécheresse. C'est une ville assez moderne (il y a un Subway !), et pourtant à chaque coin de rue, on assiste à des contrastes de modes de vie et d'époques saisissants : des galeries ultra-chics vendent des toiles aborigènes à prix d'or, tandis que les artistes eux-mêmes ressemblent à des clochards. On passe à côté de villas ultra-protégées avec caméras de surveillance et murs d'enceinte de deux mètres de haut, tandis que quelques mètres plus loin des familles aborigènes campent dans le lit de la rivière, comme si rien ne s'était passé depuis cent ans. Ceux que l'on voit assis par terre dans les rues, poussiéreux et mal fagotés, ne font pas la manche : ils sont juste là, ils regardent la vie, la ville, les touristes qui s'agitent, sans du tout entrer dans la ronde.

Un jour que nous passions en voiture dans la ville, à gauche du feu rouge, au-dessus d'un gros carrefour, mon œil a été attiré par un petit promontoire ocre. Je l'ai aperçu juste une seconde, le temps que le feu redémarre : un aborigène torse nu était assis par terre en tailleur tout en haut du promontoire et il regardait. Quoi ? Lui seul le sait.

QUELLE FOIRE !

Alice Spring, le 06 juillet

Ça a commencé sur un malentendu et une suite d'informations très floues. Nous cherchions vaillamment du travail à Alice Spring, malgré la pluie et les températures de novembre, lorsque nous sommes tombés sur cette annonce placardée dans un backpacker : « We are looking for people for the Alice Spring Show » avec un numéro de téléphone. Intrigués, nous avons appelé. Au bout du fil, une dame m'a appris qu'ils étaient au complet et m'a donné le contact d'une dénommée Celina qui pourrait avoir besoin de nos services. Pour faire quoi ? Mystère.

Celina avait du boulot pour nous, mais quand je lui ai demandé de quoi il s'agissait je n'ai pas tout saisi. Il faut dire que nous n'avions aucune idée de ce qu'était l'Alice Spring Show qui faisait si grand bruit dans le coin. Sur ce, elle nous a proposé un rendez-vous sur les lieux du Show. Tout concentrés sur notre jeu de piste - car tout ce que j'avais pu saisir au vol dans son explication de la route ce sont quelques indications topographiques et quelques directions - on n'a même pas eu le temps de se demander dans quoi on allait se fourrer. Disons que je m'imaginais vaguement vendre des billets de tombola dans un hall d'exposition.

Une fois arrivés, point de hall d'exposition, mais un

grand terrain boueux où on finissait d'installer des manèges...Nous sommes allés directement au « hall » d'accueil, une grande tente, où nous avons demandé à voir Celina, qu'on pensait être une organisatrice du Show. Première surprise, personne ne savait qui était Celina...Intrigués, nous avons appelé l'intéressée, qui a fini par nous rejoindre sur le parking à bord d'un pick-up.

Ensuite, tout s'est fait très vite, elle nous a posé deux ou trois questions : si on avait un problème avec l'argent (« non »), si on savait compter (« oui »), et nous a annoncé que c'était payé 14$ de l'heure, cash. On a dit « ok » et le rendez-vous a été fixé à 9h le lendemain, au pied du « No Limit », le manège à grand frisson. Là dessus elle est partie en nous laissant dans un grande perplexité. On venait de comprendre qu'il n'était pas question de hall d'exposition, mais de fête foraine. Et que Celina n'était pas organisatrice mais gérante de manège à la recherche de main d'oeuvre au black.

On a été saisis d'un grand éclat de rire intérieur en se disant qu'on allait bosser pour une fête foraine, puis l'ombre du temps pourri a plané au-dessus de nos têtes, et nous avons passé la soirée à jubiler, stresser un peu et surtout rassembler nos habits les plus chauds pour le lendemain.

VOCATION FORAINE

Alice Spring, le 07 juillet

Au matin, c'est donc avec un mélange d'excitation, d'appréhension et de vestes polaires que nous nous sommes rendus au rendez-vous fixé, au pied du manège No Limit. Venus un peu en avance, nous avons eu le temps de faire auparavant un petit tour des lieux, histoire de nous préparer psychologiquement à ce qui nous attendait, et essayer de deviner à quel manège on pourrait être assignés, et dans notre for intérieur, lequel pourrait être le pire...Nous avons repéré autour de nous quelques autres backpackers, errant avec curiosité et gravité, en se demandant eux aussi à quelle sauce ils allaient être mangés.

Sur ce, Celina est arrivée, talonnée par une petite bonne femme à l'air pas commode, qui s'est avérée être la mère de Celina et la cheftaine du clan Bells, la famille qui semble posséder la moitié des manèges de cette foire. Comme des candidats à l'esclavage, nous avons été jaugés et dispatchés dans les manèges environnants, l'un au stand de tir, l'autre au No Limit, l'autre encore aux auto-tamponneuses. Gaspard a été entraîné dans une autre allée, et il a disparu au coin du vendeur de pop-corn. Ce n'est qu'après que j'ai appris où il avait été « nommé », c'est-à-dire précisément là où il tremblait de se retrouver : le Mickey Mouse Club House, et sa tour gonflable grouillante d'enfants incontrôlables. De mon côté, j'ai été entraînée par Shanon vers le Music Trip, un manège à sensations pas trop fortes, composé d'une grande barque multicolore basculant le long d'un plan vertical, surmonté de quelques notes de musique indiquant que ça allait swinguer. J'ai en effet tout de suite vu le potentiel à haut-le-cœur de l'engin, et me suis demandé si j'allais devoir gérer aussi les effets secondaires de mon manège.

Shanon m'a fait visiter mon nouveau lieu de travail, une petite cabine en tôle de un mètre sur un mètre, équipée d'une chaise de bureau plus très fraîche et d'une tablette, aérée par des grilles en métal sur trois des côtés. Autrement dit, courant d'air et confort maximaux. Puis elle m'a expliqué les tarifs et les règles de sécurité, et c'est ainsi qu'a commencé ma carrière de foraine.

RODAGE

Alice Spring, le 07 juillet

Lorsque je me suis retrouvée seule dans ma cage avec une boîte en métal en guise de caisse, deux rouleaux de tickets, et pas de calculatrice, j'ai commencé à stresser un peu.

Malheureusement mes craintes étaient fondées car dans la première matinée, j'ai fait à peu près toutes les boulettes possibles. J'ai rangé dans la caisse le billet qu'on m'avait donné et oublié aussitôt après de combien il était. Pratique pour rendre la monnaie. J'ai rendu plusieurs fois trop de monnaie. Je me suis parfois trompée dans le nombre de tickets à donner. J'ai mis quelques fois tellement de temps à rendre la monnaie que les gens me regardaient un peu inquiets en se demandant si je savais compter (ce qui est presque vrai : quand je panique, mon cerveau tombe en panne, je ne saurais pas dire combien font deux et deux).

Et puis, alors que la file s'allongeait devant ma cabine, que les chiffres s'emmêlaient dans ma tête, qu'à force de prendre et tendre toutes ces pièces et ces billets je ne savais plus où j'en étais, bref, alors que je paniquais un peu, j'ai eu une illumination. J'ai eu une vision subite de Mme Garnier, la charcutière de ma mère, lui rendant la monnaie sur un billet de 10 : « Cinquante centimes qui font 4, et 6 qui font 10, Mme Andelaaaaay ! ». Mais bien sûr le décompte à l'envers ! A partir de là, j'ai été sauvée.

A noter que mes erreurs de caisse du premier jour sont passées complètement inaperçues...Qu'est-ce que 10 dollars parmi les dizaines de milliers récoltés chaque jour ?

BAS LES PATTES

Alice Spring, le 07 juillet

Je ne suis plus étonnée que les maladies se répandent si vite dans les écoles : les gamins adorent tout tripoter et surtout ne se privent pas de répandre leurs fluides corporels (bave, morve etc..) à quiconque a le malheur de se trouver à portée. Toute la journée, on m'a tendu des billets en boulette au fond d'une poche, souvent humides ou gluants, voire dégoulinants. Ils ont aussi la manie, lorsque je leur tends la monnaie ou les billets, de me tripoter les mains avec leur doigts collants. Pas étonnant qu'après une journée d'immersion dans les microbes, je sois rentrée à moitié patraque.

TRIPHON

Alice Spring, le 07 juillet

Déjà qu'en temps normal je suis plutôt du genre professeur Tournesol, là avec la musique de foire dans les oreilles et le fort accent du Centre Rouge, je rencontre quelques problèmes de communication. Avec ma clientèle, ça passe encore car nos échanges sont limités : «It's three tickets for fifteen dollars » (je remarque d'ailleurs que ma façon de prononcer « three » les fait sourire). Et puis les demandes sont souvent les mêmes et je peux utiliser le langage des signes.

Mais avec Shanon et les gars qui installent les gamins dans les manèges, c'est bien plus compliqué. Quand Shanon me parle, ça va encore à peu près (quoique...voir plus bas), mais quand il s'agit des gars du manège j'ai tout bonnement l'impression qu'ils me parlent en chinois, ce qui peut occasionner certains problèmes. Ainsi, ce n'est qu'après quelques retours clients que j'ai fini par comprendre ce que Shanon m'avait expliqué le matin sur la différence entre les deux rouleaux de tickets à ma disposition : l'un est pour les tarifs réduits, le fameux « 3 for 15$ », et l'autre pour le tarif normal.

Dans un autre domaine, ce n'est qu'à la tombée de la nuit que j'ai commencé à comprendre la recommandation de mon collègue le premier matin (n'ayant pas compris un traître mot au bout de la troisième fois, j'ai fait comme si j'avais compris, mais je crois qu'il n'a pas été dupe...). Deux ou trois petits aborigènes ont commencé à tourner autour de ma cabine, et à essayer d'attraper à travers les barreaux quelques tickets sortis des rouleaux. Ça avait l'air de follement les amuser, moi un peu moins, ce qui fait que j'ai passé à peu près toute ma soirée à les chasser et les houspiller, les yeux rivés sur mes précieux rubans. Ce que le type avait voulu me dire le matin, c'était de le prévenir s'ils commençaient à m'ennuyer (preuve que c'est une sorte de tradition locale).

ETHNOLOGIE DE FOIRE

Alice Spring, le 08 juillet

La foire se déroulant en territoire aborigène, l'essentiel de la clientèle est autochtone. A vrai dire, c'est la première fois que j'ai de vraies interactions avec les aborigènes. Jusque là, nous en avions juste croisé, sur la route ou dans les rues d'Alice Spring. Ils nous semblaient appartenir à un monde à part auquel nous n'avions pas accès. C'est donc une belle occasion de partager une tranche de vie, même à travers les grilles de ma petite cabine.

Avec un territoire aussi grand que l'Australie, les différences entre tribus ne se jouent pas que sur le dialecte, mais aussi et assez nettement sur le physique, et je commence à les percevoir de mieux en mieux. Certaines aborigènes ont les cheveux assez clairs, voire légèrement roux et les yeux verts, avec des traits très fins. D'autres ont les traits beaucoup plus épais, les femmes ressemblant d'ailleurs presque à des hommes, barbe comprise. Il y a ceux qui ont les épaules très carrées, les hanches et les jambes très fines, et la peau très noire. Et d'autres sont très grands et fins. De là à mettre un nom sur ces différentes ethnies, j'ai encore un peu de boulot évidemment...

D'après ce qu'on m'a expliqué, pour les aborigènes, l'argent n'a pas vraiment de valeur, du moins pas celle que nous lui donnons, d'où une gestion des ressources parfois un peu chaotique. Effectivement, à voir le nombre de fois que je revois chaque famille faire la queue devant ma cabine, j'ai l'impression qu'ils n'ont pas la moindre notion de ce qu'ils dépensent. Moi par contre, j'en suis malade pour eux, et j'ai envie de leur dire : « Attendez, vous êtes sûrs que vous voulez refaire un tour de manège ? » Mais quand je vois les gosses avec leur bouille souriante pleine de morve séchée (les aborigènes ne se mouchent pas, comme j'ai pu le constater au cours de ces quelques jours), leurs yeux brillant de joie même après le troisième tour de manège, déjà ça me redonne foi en l'humanité, et ensuite je me dis qu'ils ont bien raison d'en profiter, les sources de distraction comme celles-ci ne devant être légion à Alice Spring.

Puisqu'on parle de joie sur le visage, j'en profite pour parler d'un de mes premiers étonnements en côtoyant ma clientèle aborigène : l'inexpressivité du visage des adultes. Impossible d'y déchiffrer la moindre émotion. Au début, je me suis dit que je devais faire quelque chose de travers, que ma tête ne leur revenait pas, ou bien qu'ils n'étaient vraiment pas commodes, et puis voyant que c'était totalement généralisé, y compris lorsqu'ils se parlaient entre eux, j'ai réalisé que cette absence d'expression faciale était juste culturelle.

GARDIENNE DE MANÈGE

Alice Spring, le 08 juillet

Il ne faut pas croire que mon rôle se limite à celui de tiroir-caisse, il y a aussi une part de conseil, de service et de psychologie. Je fais régulation du trafic, rassurage ou mise en garde de parents, réglage de litige de remboursement, et parfois briseuse de rêve (zut, comment dire à un gosse qu'il n'est pas assez grand pour entrer dans le manège sans le vexer ? You are too « little » ou too « small », « short » ? Je teste plusieurs formules pour voir les réactions, malheureusement les aborigènes étant aussi expressifs que des troncs d'arbre, je ne suis pas plus avancée. Je veille aussi sur la fortune de certains petits aborigènes qui s'amènent avec bien trop d'argent (des monticules de pièces et parfois des brassées de billets) et qui comptent sur moi pour recompter, alors que je pourrais les rouler à volonté.

Je fais aussi vestiaire de trésors, que des choses pratiques à caser dans ma cahute d'un mètre carré : peluches géantes, ballons gonflés à l'hélium, sac à dos, boissons, biberons, casquettes, et j'en passe. Pendant toute la durée de la foire, j'ai espéré que l'un d'eux oublierait sa peluche géante ou un autre objet rigolo, mais tout ce que j'ai pu récupérer à l'issue de chaque journée ce sont des fonds de boissons pas très ragoûtants.

Il y a aussi la fidélisation de la clientèle en montrant aux gamins qui sont passés déjà quinze fois que je les reconnais. Et puis le sourire bright (avec dent de travers) et politesse 4 étoiles, même si je me les gèle, j'ai faim, mal aux fesses, ou plein la tête de la musique disco (Justin Timberlake et Britney Spears n'ont plus de secret pour moi!). Là où j'ai un peu plus de mal c'est en tant qu'éducatrice pour les enfants. Shanon s'en charge lorsqu'elle me rend visite pour empocher le magot : « Say hello and thank you! » (je suis sûre qu'elle fait un peu peur aux gosses avec sa tête de pomme de terre fripée)(car c'est ainsi qu'elle est, malgré un prénom qui évoque l'archétype de la fille blonde parfaite dans les séries américaines)

Quant à Gaspard, il a le job le plus drôle de tous, même si sur le coup ça ne l'a pas fait rire du tout : gardien de château gonflable au Mickey Mouse Club House, ça va en jeter sur son CV ! Il collecte les tickets d'entrée, surveille les jeux, sifflet à la main, rassure les enfants et doit même parfois en repêcher certains coincés en haut du toboggan, paralysés de peur. Et hop, une ligne à rajouter dans la catégorie «skills» !

LA CAMEL CUP

Alice Spring, le 10 juillet

Qui dira qu'il ne se passe rien à Alice Spring, la ville la plus paumée d'Australie ? Nous avons à peine eu le temps de nous remettre de nos deux jours de forains que déjà les festivités ont repris. Et pas n'importe lesquelles : la Camel Cup ! Nous avions manqué celle de Maree, une des plus réputées du pays, voilà donc une belle occasion de se rattraper.

Des chameaux, nous avions déjà pu apprécier le diamètre des empreintes, à quelques mètres de notre campement près des Kings canyons, la silhouette gracieuse au loin devant Uluru, ou le regard plein de profondeur à notre campement de Coward Spring, sur l'Oodnadatta track. Nous brûlions maintenant de découvrir leurs exploits sportifs.

Nous avons vite compris que le véritable exploit n'était pas tant pour les chameaux de courir que pour les chameliers de les faire courir. Le lien de parenté avec les lamas nous a tout de suite sauté aux yeux : de vrais têtes de mules !

Dès la première course, c'est le chaos : les trois-quart des chameaux refusent de s'aligner sur la ligne de départ. Ils reculent au lieu d'avancer, se lèvent au lieu de se baisser, tournent obstinément le dos à la piste. Au bout d'un bon quart d'heure de négociation et de blatèrement gueule béante et bavante (c'est ainsi qu'on nomme le cri du chameau, d'où l'expression « déblatérer » sûrement...), les bestioles sont en place, quatre genoux au sol. Au coup de feu, une chose incroyable se produit : les grands corps mous et dégingandés se déploient comme des ressorts et en un rien de temps on ne voit plus que des derrières qui s'agitent. Hélas dans la violence du départ, un des chameaux a réussi à se débarrasser de son cavalier qui gît par terre... ça commence fort !

Mais on ne transforme pas comme cela un chameau en pur-sang...dès le premier virage, on sent que l'énergie s'amenuise...quelques mètres avant la ligne d'arrivée, deux chameaux ont arrêté de courir malgré la fougue de leurs «cavaliers» qui agitent désespérément bras et jambes, tandis que l'un d'entre eux s'est carrément assis au milieu de la piste et braille son mécontentement.

Je suis ravie : j'avais bien pressenti le potentiel comique du chameau (encore un point commun avec le lama) mais cela dépasse toutes mes espérances. L'ambiance et le décor participent à la fête car on est loin du panache et du glamour des hippodromes. C'est comme si sous l'effet des douze coups de minuit, les pur-sang à la robe lustrée s'étaient transformés en bêtes difformes au poil crêpé et pelé, les jokeys rachitiques à casaque satinée en grand gaillards en jean et polo vert, et les numéros brodés sur les tapis de selle en chiffres tracés sur la croupe au feutre rouge.

Les courses s'enchaînent ainsi, entre lenteur et rebondissement, l'unique tour de piste s'effectuant à chaque fois avec le plus grand mal : les bestioles traînent la patte et les cavaliers, comiquement secoués par l'allure désarticulée de leurs montures, ne se maintiennent en selle qu'agrippés à une barre en métal.

Il faut dire : quelle idée de faire courir des chameaux ! On sent bien que ces pauvres bêtes ne sont pas faites pour ça...même dans un sandwich, elles sont bien trop coriaces (le chameau étant célébré ce jour-là sous toutes ses formes, nous avons trouvé amusant, et un peu cruel aussi, de le goûter tout en regardant la course).

Heureusement, niveau gastronomie, nous avons pu nous rattraper ailleurs. Car la Camel cup c'est avant tout une belle occasion d'exhiber ses chapeaux de cow-boy et de manger toutes sortes de douceurs : pancakes avec fraise et crème fouettée (par malheur j'ai du y renoncer car la queue était interminable), donuts, cookies et crèmes glacées... Encore une victoire de canard !

WALTZING MATHILDA

Alice Spring, le 12 juillet

Francesco, le copain de Clémence, fête aujourd'hui sa nationalité australienne, obtenue en quatre ans, un exploit. Petit aparté sur Francesco : Francesco est italien mais avant de le rencontrer il faut s'enlever de la tête toutes les idées reçues sur les italiens. Il n'est pas séducteur, il ne parle pas (donc encore moins avec les mains), n'est pas enjoué, ni soucieux de son apparence. En un mot, il a tout d'un ours. Par contre pour la touche italienne, il appelle sa mère tous les jours et ne fais jamais la cuisine. Si personne n'a préparé à manger pour lui, il va au supermarché s'acheter des crackers qu'il mange tout seul dans sa chambre en chantant très fort et très mal avec son casque sur les oreilles.*

Revenons maintenant à cette fête, à laquelle nous sommes invités puisque nous squattons la chambre du fond. Francesco a invité quelques amis, principalement des collègues « Tour Guide » eux aussi. Tous des spécimens, attachants, burinés par le bush, fils d'émigrés, et carburant au whisky. Il y a un « irlandais » freluquet qui pourrait jouer dans Astérix, à qui il est arrivé des histoires d'enfance pas croyables, un « russe » qui parle anglais, français et italien couramment en plus de sa langue d'origine et connaît plus de blagues belges que nous, un australien à barbe blanche et yeux bleus pétillants qui vit ici depuis 30 ans et nous certifie qu'il n'a pas plu comme ça depuis 1996 (quelle chance pour nous !). Et puis, un vieux monsieur écossais moustachu, bougon et gentil, à la bedaine rebondie et au visage bouffi par l'alcool.

Grâce à cette joyeuse troupe hétéroclite, venu des quatre coins de la planète, nous avons passé une soirée délicieusement décalée au son de l'hymne australien et de « Waltzing Mathilda ».

* Clémence nous a précisé après que nous n'étions pas tombés au meilleur moment pour Francesco, c'est pourquoi nous n'avons pas eu droit au côté nounours de l'ours.

À LA CONQUÊTE DE L'OUEST

DARWIN - GIBB RIVER ROAD - BROOME - PORT HEDLAND - DIRK HARTOG ISLAND - PERTH

20 juillet - 26 septembre

PETIT POINT MÉTÉO

Darwin, le 20 juillet

Nous sommes arrivés à Darwin où l'hiver fait rage : 40° à l'ombre la journée, 28° la nuit et pas un poil d'air. Pour la température au soleil, on ne sait pas trop car notre thermomètre ne monte pas au-dessus de 50°. En réalité ici, il n'y a que deux saisons : le « Dry », la saison sèche, où il fait chaud et sec et le «Wet», la saison humide, où il fait très chaud et très très humide.

Pendant le Wet, il pleut tellement que toutes les rivières débordent, et des tas de routes sont inondées. En plus, il y a les crocos qui en profitent pour remonter à des centaines de kilomètres à l'intérieur des terres et les méduses boîtes qui se rameutent sur la côte, sans parler des moustiques et des cyclones (l'un d'eux a dévasté Darwin en 1976). Bref, vous l'aurez compris la meilleure saison pour visiter le Top End[1], c'est le Dry. Ça sent un peu le brûlé parfois à cause des incessants feux de brousse mais au moins on sait où les crocos ont installé leur campement pour la saison et on peut accéder à tous les sites intéressants sans une voiture amphibie.

---

[1] *Voir Glossaire du Bush, p. 336*

FORAIN UN JOUR...
Darwin, le 25 juillet

Shanon a visiblement été enchantée de notre prestation à la foire d'Alice Spring. Alors que nous profitons de notre après-midi de repos après une matinée à tailler des palmiers sous un soleil de plomb et assaillis de guêpes miniatures particulièrement agressives, Gaspard reçoit un coup de fil de la matriarche. Au bout de quelques instants, je me retrouve avec le téléphone dans les mains. « Passe-moi Katherine » a lancé Shanon avec impatience, voyant que Gaspard ne pipait rien à son accent. (n'ayant jamais réussi à comprendre nos prénoms, Shanon nous a rebaptisés « Katherine » et « Michael Bublé », comme quoi l'incompréhension est réciproque....). Il se trouve que l'ayant côtoyée davantage ces quelques jours, j'ai vaguement pu m'habituer à son parler du bush. Shanon nous propose de revenir travailler pour les trois jours de la fête foraine de Darwin, et cela tombe bien vu que nous sommes dans le coin et pas contre un peu d'argent pour se renflouer.

De retour au Caravan (et crocodile) Park où nous faisons du Woofing[1] à une heure de Darwin, nous annonçons notre départ imminent. Les managers accueillent la nouvelle avec une grimace désolée (« so soon ? »), mais dans le fond on sait bien que ça les arrange car vu notre ardeur au travail, dans quelques jours on se serait retrouvés au chômage technique. Il faut dire que j'ai été saisie depuis que je

[1] *Voir Glossaire du Bush, p. 336*

suis ici d'une fièvre de la feuille de palmier, qui me pousse à en ramasser toujours plus et sans relâche, même sous un cagnard pas possible.

Nous voilà donc de nouveau en route vers Darwin, pour poursuivre notre carrière prometteuse de forain du bush.

Passées les retrouvailles (émouvantes) avec la famille Bell et nos chers petits manèges, beaucoup plus nombreux ici qu'à Alice Spring, nous passons aux questions concrètes : où allons-nous poser notre Pajeo, et exercer nos talents ? Pour ce qui est de Pajeo, Shanon nous a proposé de nous installer avec eux dans le campement familial mais bien que cela nous aurait permis d'aller jusqu'au bout de notre expérience de forain et d'économiser quelques ronds, nous avons préféré le calme et l'intimité du camping qui borde la foire, et qui nous permettra tout de même de rester dans l'ambiance.

Pour l'assignation à notre nouveau poste, le verdict tombe le matin du premier jour. Gaspard conserve la gestion du château gonflable, où il excelle maintenant à dompter parents et enfants (il faut avouer que son gilet jaune en impose), quant à moi, c'en est fini du Music Trip : me voilà nommée aux auto-tamponneuses. J'ignore si c'est une promotion...

Une chose est sûre : les trois jours de foire à Darwin promettent d'être rudes : la température extérieure est de 40° environ, soit au moins 50° à l'intérieur de ma cabine qui est, cette fois-ci, soigneusement fermée des six côtés, et en plein soleil. Un four à cuisson lente quoi. En prévision de ma sudation future, j'ai pris trois bouteilles de 1,5L d'eau pour la journée. J'ai aussi prévu une robe ample pour permettre à l'air de circuler. Par contre, le choix de la couleur blanche s'est avéré moins heureux : la poussière se collant à la transpiration, elle était devenue marron à la fin de la journée.

Le défi cette fois n'est pas seulement de filtrer les enfants trop petits mais de faire en sorte que les plus intrépides d'entre eux ne se précipitent pas dans les voitures en sautant par dessus les barrières, laissant sur le carreau les bambins trop disciplinés. Niveau vocabulaire, je dois tout reprendre de zéro. J'ai enfin compris ce que veux dire « booth » (c'est le nom de ma cabine). Par contre, je ne sais toujours pas ce que désigne « paddle » dans une auto-tamponneuse. Je sais juste que ce n'est pas le volant comme je le pensais, donc espérons que je n'ai pas trop induit en erreur les parents à qui j'ai confirmé que leur enfant pouvait atteindre le « paddle ».

Depuis ma cahute grillagée, je suis aux premières loges pour suivre les us et coutumes des badauds nord territoriens et l'on peut dire que c'est un spectacle permanent. Première tendance lourde : le sweat à motif géométrique et à capuche, particulièrement en vogue chez les jeunes aborigènes, qui le portent souvent capuche enfilée. Je prend note de la coupe de cheveu typiquement territorienne : une brosse devant avec la nuque longue à l'arrière. La chaussette blanche (ou rayée) se porte remontée jusqu'à mi-mollet, et la casquette à hélice remporte un grand succès chez les enfants. Pour les boissons, le top est de boire dans des bouteilles en plastique coloré en forme de bottes ou de personnages et de les porter autour du cou. Enfin, le hot dog et le hamburger se consomment sans problème dès 10h du matin.

Gaspard, qui est à l'air libre, commence à se faire des amis d'infortune autour de son château gonflable : le type du stand de tir, un backpacker français aussi, qui travaille pour la famille concurrente (on ignore encore si leurs désaccords se règlent au couteau) et qui a l'air moins verni que nous, et puis le gars du manège d'à-côté, un pur Aussie sympa mais un peu flippant, qui, dixit Gaspard, a l'air sorti tout droit de l'équipage du Black Pearl.

Autant à Alice Springs, on hésitait à deux fois avant de sortir vu le temps chagrin (et de toute façon on avait quasiment jamais de pauses), autant là nous sommes bien contents, moi de quitter mon four, et Gaspard la station debout en plein cagnard (jamais son chapeau australien cerné de croco ne lui aura autant servi). Ma chance, cette fois, est que deux petits papys de la famille Bell ne cessent de se relayer pour me demander si je veux prendre une pause, et même si je refuse une fois sur deux, à leur grand étonnement voire déception, j'arrive à m'offrir quelques balades dans les allées de la foire, rejointe quelquefois par Gaspard. Nous découvrons avec amusement la foire à la sauce australienne, un savoureux mélange entre une fête foraine classique et une fête de village de style Lucky Luke. Chacun vient exhiber ses plus beaux bestiaux - boeufs surdimensionnés, poules à rayures ou perroquets chatoyants - en espérant ramener une médaille. Et l'avantage c'est que tout le monde peut participer, homme, femme, enfant, et que tous les talents sont à l'honneur : concours de point de croix, de scones, de construction de Lego, concours de cupcakes, de photos, de peinture sur soie...On croirait visiter un mix étrange entre une expo de fin d'année de classe de maternelle et les portes ouvertes d'un club du 3ème âge.

Si l'ambiance reste bon enfant comme à Alice Spring, on sent qu'à Darwin l'esprit n'est pas tout à fait le même. Beaucoup moins d'aborigènes, beaucoup plus de parents désagréables, plus de police qui patrouille. A la fin des journées, qui se prolongent ici jusqu'à presque minuit, nous traversons la clôture de la fête foraine, et nous nous glissons épuisés dans notre Pajeo, bercés par les derniers battements de la musique et les lumières clignotantes de la fête.

Shanon nous demande si on veut les suivre dans leur tournée vers Cairns et Sydney. Mais cette fois ça y est, on a eu notre dose de « Vis ma vie de forain». Je suis devenue experte pour distinguer les pièces d'un dollar australiennes des néo-zélandaises, et Gaspard manie maintenant le sifflet comme personne, il est temps pour nous de chevaucher vers d'autres horizons.

OASIS

Darwin, le 27 juillet

Aujourd'hui nous dormons dans un caravan park pas très chouette au bord de la quatre voies. Nous n'avons pas eu trop le choix car nous sommes arrivés tard, après avoir constaté que tous les campings autour de Darwin étaient complets (pourtant la foire est terminée !). Nous en avons assez de ces campements de bord de ville sans charme et où l'on dort serrés les uns contre les autres. Et nous avons un besoin urgent de climatisation car le thermomètre ne descend pas en dessous de 30° la nuit et les tressautites* m'assaillent constamment (ainsi que les moustiques).

La dame du caravan park nous a offert la nuit dans une petite chambre climatisée, apitoyée de nous voir les yeux cernés par des nuits sans sommeil. C'est spartiate, mais quel bonheur de dormir au frais, et pour pas un rond**. Par contre, il faut faire gaffe en sortant car il y a un gros serpent noir qui loge sous les baraquements. Nos voisins ont essayé de le chasser avec un manche à balai mais lui n'avait pas l'air d'accord, alors il est resté là où il était. Il n'a pas l'air dangereux car l'australien qui était juste à côté sur sa terrasse les a regardés faire avec beaucoup d'indifférence, et un soupçon de moquerie.

*ou Syndrome des jambes sans repos (je ne souhaite ça à personne !)

**En fait, on s'est demandé si elle avait bien fait exprès de nous l'offrir ou si elle s'était trompée en nous rendant toute notre monnaie (elle nous avait donné au départ une autre chambre plus chère qui était en fait déjà occupée). On a fait comme si de rien n'était et on l'a remerciée chaleureusement en partant.

ACCIDENT MORTEL

Darwin, le 28 juillet

En reprenant la quatre-voies ce matin pour aller faire le plein d'essence, nous nous sommes trouvés face à un barrage de police. Toute une portion de la quatre-voies menant à Darwin était fermée à la circulation. Ça sentait le grabuge. Après un déviation interminable dans la brousse, nous avons retrouvé la route plus loin et une autre station essence.

On n'aurait pas pu être plus près de l'action. Le grabuge est étalé juste devant la station avec des tas d'équipes de police s'agitant autour. C'est un road-train encastré dans l'énorme canalisation d'eau en métal qui coure tout le long de la route. Les remorques sont couchées au sol en travers de la route, la canalisation est défoncée, l'eau s'écoule par terre...et dans le fond, de l'autre côté de la quatre-voies, il y a une voiture vide avec l'avant écrasé.

Pendant que Gaspard fait le plein, j'observe la scène. A n'en pas douter, le roadtrain a percuté la voiture avant de traverser les quatre-voies et de terminer sa course dans la canalisation. La dame du magasin d'à-côté est encore toute bouleversée, elle a entendu le bruit de l'accident, puis elle a vu le camion foncer droit sur la station. Elle ne sait pas combien de personnes sont impliquées et si elles sont mortes. Ça fait froid dans le dos.

Le lendemain, l'accident fait la première page du Northern Territory News, le journal local, et nous apprenons que la personne dans la voiture est morte sur le coup. L'article est d'une sobriété étonnante. En photo, pas de gros plan sur la voiture écrasée mais une vue générale de l'accident très peu explicite. Pas un mot sur les circonstances de l'accident, ni sur le fait que le roadtrain fonçait droit sur une station-essence. Pas d'interview poignante du gars qui faisait son plein au moment de l'accident. Pas de détails sur le fait que l'engin à quatre remorques a traversé les quatre voies, plus un large terre-plein creux et n'a trouvé que cette canalisation pour stopper sa course folle.

Il y avait fort à dramatiser mais non. Juste un article pas trop larmoyant à la mémoire de la victime avec quelques photos de sa famille. J'en déduis ceci : soit ce genre d'accident est trop habituel dans le coin pour en faire un pataquès, soit les gens ne sont pas comme chez nous, assoiffés de faits-divers dramatiques.

TRISTE SORT

Gibb River Road, le 01 août

Porter des lunettes quand on baroude est loin d'être facile tous les jours. Pour soi et pour les lunettes. En dehors des problèmes de nettoyage, il y a celui du stockage, notamment la nuit et pendant la douche. Il y a la solution du boîtier à lunettes, me direz-vous, mais c'est le genre de confort (et d'encombrement) domestique qu'on abandonne rapidement. Et puis il faut avouer que j'ai la mauvaise habitude de poser mes lunettes n'importe où, ce qui m'a valu de marcher dessus un jour en partant à l'école - une semaine de flou total -, situation gérable lorsqu'on a un opticien compréhensif à portée de mains, beaucoup moins lorsque le plus proche est à 300 kilomètres...

Bref. Au fil du voyage, je vois mes lunettes se dégrader lentement mais sûrement. La peinture se décolore et s'écaille, les branches se tordent. Un jour, après avoir pris une douche du bush, je me suis agenouillée sur mon siège de voiture pour attraper je ne sais quoi à l'arrière, et pas de bol mes lunettes se trouvaient juste sous mon genou. Heureusement, le siège était mou et au lieu d'être brisées en mille morceaux, mes lunettes ont juste été pliées à 90° au niveau du nez, plus une petite torsion latérale, ce qui était quand même assez impressionnant.

Mon dernier coup en date a été de les perdre, tout bonnement. Nous campions dans le Kakadu National Park, au sud-est de Darwin, et nous sentant l'âme touristique, nous avons décidé de faire une croisière sur une rivière au lever du soleil, pour observer les oiseaux, les crocos et les plaines inondables. Le tout pour une somme rondelette, mais à la perspective du buffet de petit-déjeuner inclus nous n'avons pas hésité une seconde (notre dernier petit-déjeuner digne de ce nom remontait à des lustres, quant au goût du croissant, c'est tout juste si nous ne l'avions pas oublié).

Le matin, à 5h nous nous préparions pour ce grand événement lorsque je me suis aperçue que mes lunettes avaient disparu. Ce ne pouvait pas être un coup des dingos, qui, la veille, avaient attaqué notre vaisselle sale que nous avions retrouvée le matin toute nettoyée, grignotée et éparpillée autour du campement : qu'auraient-ils bien fait de deux rondelles de verre avec une structure en métal ? Après avoir fouillé du mieux qu'on pouvait avec nos lampes-torches, et voyant l'heure du départ approcher, je me suis résolue à mettre mes lunettes de soleil correctrices. Inutile de préciser qu'il faisait encore bien noir quand nous sommes arrivés au point de rendez-vous de l'excursion. Néanmoins, comme il n'était pas question que je manque une miette du spectacle, j'ai fait comme s'il n'y avait rien d'incongru à porter des lunettes noires pour aller voir un lever de soleil. Les gens ont dû croire que j'étais aveugle, et se demander du coup pourquoi je payais si cher pour observer la faune sauvage sous cette lumière particulière, ou bien que j'étais une star incognito, ce qui ne concordait pas avec ma frange un peu grasse, ou encore que j'étais atteinte d'une maladie rare des yeux, qui m'interdisait de voir trop de lumière. Bref, il y aurait eu des tas de bonnes raisons pour être ainsi affublée, mais personne ne m'a rien demandé. Ça m'a permis d'observer en douce les autres passagers du bateau, de mater les aigrettes et regarder les crocodiles droit dans les yeux sans qu'ils en prennent ombrage.

De retour au campement, où il faisait à présent grand jour, il n'a pas été trop difficile de retrouver les fugitives. Elles étaient tombées par terre au niveau de ma portière. A demi enfouies sous des feuilles mortes, elles avaient été copieusement piétinées, mais malgré les coups et égratignures, étaient toujours vaillantes.

À quand le prochain sévice ?

PORTÉ DISPARU

Port Hedland, le 15 août

Après l'accident de roadtrain, nous continuons notre tournée des faits-divers un peu glauques. Cette nuit, nous avons prévu de camper sur une aire de repos au bord d'une rivière. En arrivant sur les lieux, surprise : point de caravane mais toute une armada de policiers, ambulanciers et équipes de secours installés là depuis apparemment plusieurs jours. Notre flair nous indique qu'il y a eu un drame dans le coin, mais quoi ? La question nous (me) taraude et nous (j') élaborons mille hypothèses : barrage de police pour intercepter un suspect en cavale, enquête sur les lieux d'un drame (d'où les rubans qui barrent certains accès à l'aire), exercice d'évacuation d'urgence au cas où la mine voisine exploserait...

En repartant le lendemain, nous nous apercevons qu'ils ont même sorti les chevaux. Et puis sur la route vers Port Hedland, nous croisons sans cesse de nouvelles équipes de secours. Mais qu'est-ce qu'il se trame ??? La réponse nous l'avons eu le soir même en faisant le plein à la station de Port Hedland. Une affiche placardée montrait la photo d'un homme du coin ayant disparu depuis trois jours suite à une promenade solitaire au bord de la rivière où nous campions. D'après la dame de la caisse, ça pourrait être un crocodile qui ait fait le coup, quelques-uns ayant été aperçus rôdant dans la région ces derniers temps.

Ça m'a rappelé, non sans un frisson, une histoire véridique de Kenneth Cook dans laquelle un homme avait lui aussi été porté disparu, alors qu'il campait au bord d'une rivière dans le Nord de l'Australie. Au bout de quelques jours de recherches, on avait retrouvé ses jambes dans la forêt, puis un croco géant en train de digérer le reste.

Si j'avais su, j'y serais allé mollo en furetant dans les buissons pour chercher un coin toilettes, ou en buvant mon thé au bord de la rivière…qui sait ce que j'aurais pu y trouver.

NOTRE AMI COQUI

Broome, le 14 août

A force de vivre reclus de toute société, nous nous mettons à parler à des peluches. Il y en a maintenant cinq dans la voiture : Chami le chameau, Moumout le mouton, Walls le wombat et Koko et Koka les koalas. A noter que malgré les longues heures passées à bailler aux corneilles dans la voiture, on n'a pas été foutus de leur trouver des noms plus originaux. Plus inquiétant encore, nous tentons de sympathiser avec la faune sauvage.

Tout a commencé avec Coqui le coquillage. La rencontre a été fortuite. Après une sympathique étape sur une plage au nord de Darwin, nous roulions vers le centre ville lorsque j'ai senti de petits chatouillis sur ma cuisse. Baissant les yeux, je n'ai pas pu retenir un sursaut de surprise. Un petit crustacé à coquille en cornet était en train de se promener sur mon pantalon !!! Après m'être demandé d'où il sortait, j'ai réalisé qu'il faisait partie des coquillages que je venais de ramasser sur la plage et d'entreposer dans mon sac, posé à mes pieds. J'y ai d'ailleurs jeté un coup d'œil pour voir si les deux autres étaient bien inhabités.

Nous étions tout joyeux d'avoir un compagnon de voyage si insolite mais lui ne semblait pas partager notre enthousiasme. Il ne rêvait visiblement que d'une chose : se carapater au plus vite. Après l'avoir laissé se promener sur le tableau de bord, nous avons remarqué qu'il se dirigeait invariablement vers l'est, c'est-à-dire la mer. Comprenant le message, nous nous sommes arrêtés sur une plage et après nous être une dernière fois amusés des chatouillis de ses pinces sur nos mains, nous l'avons remis à l'eau.

Cette rencontre aussi brève qu'amusante a été un déclic pour Gaspard : il s'est découvert une passion pour ces petites bestioles pinçues, et dès notre arrivée à Broome, notre première étape sur la côte ouest, il n'a eu de cesse de se faire de nouveaux amis coquis. Peu lui importe que cette amitié soit à sens unique (les coquis ne sont pas des animaux très affectueux) : lorsqu'il ne pêche pas des poissons imaginaires, il retourne tous les cailloux de la plage près de laquelle nous campons à leur recherche.

Un jour que la récolte d'amis était bonne, nous avons organisé une petite course sur le sable. Ils étaient 5 ou 6, de taille et de caractère différents sur la ligne de départ. Un petit nerveux qui sortait de sa coquille et se carapatait sitôt qu'on le posait au sol, un gros qui mettait un temps fou à se mettre en branle, un rebelle qui allait dans le sens inverse des autres, un boudeur qui refusait de sortir...Le gagnant a pu regagner la mer, puis nous avons joué un moment avec les autres pour les rendre ensuite avec un petit pincement au cœur à leurs rochers.

NOS AMIS LES CHATS SAUVAGES

North West Coast Highway, le 17 août

Maintenant que nous avons quitté la côte, nous avons du mal à nous faire de nouveaux amis. Heureusement, nous croisons de temps en temps de petits chats sauvages.

Les chats sauvages en Australie ne sont pas d'affreuses bêtes hirsutes à la généalogie indéchiffrable, mais d'adorables chats fins et racés au poil soyeux. On les croirait tout juste échappés du salon de leur maître sauf qu'en réalité ils errent depuis toujours dans la brousse et ont une peur bleue des humains.

Ce soir-là nous en avons repéré deux qui rôdaient autour de notre campement visiblement attirés par l'odeur de notre repas de fond de caisse : des pâtes thon-tomate-fromage. Gaspard, mal remis de sa rupture avec les coquis, a voulu tenter sa chance avec ses adorables bestioles affamées. Après les avoir surpris en train de laper un jus de poêle dans le bac à vaisselle, l'appât a été vite trouvé.

Comme je n'arrivais pas à finir mes pâtes au thon (je crois que j'arrive à saturation de ce plat), j'ai posé mon bol par terre et attendu que l'adorable bête sauvage s'en approche...notre amitié a été très courte, juste le temps pour elle d'avaler mon reste en me regardant avec des yeux effrayés. Et elle a disparu sans un merci dans les broussailles.

PETITE LEÇON DE PÉDAGOGIE

Dirk Hartog Island, le 27 août

Cela fait une semaine maintenant que nous avons atterri, au sens propre comme figuré, sur l'île de Dirk Hartog, une bande de terre magnifiquement désolée de 80 km entourée par l'Océan Indien. Nombre d'habitants ? Huit : la famille pour laquelle nous travaillons et qui tient un lodge, plus la famille de la soeur de Tori, notre boss.

En ce moment, sur l'île il y a plus d'enfants que de clients et ceux-ci tendent à revenir à l'état sauvage : c'est-à-dire investissement maximal de l'espace, et édification quotidienne de « cabbies » avec les coussins du canapé des enfants et de celui des invités, si possible en les mélangeant. Et qui est-ce qui doit ranger ce fatras tous les matins ?

La première fois, quand le plus petit m'a demandé tout timidement s'il pouvait prendre les coussins du canapé où j'étais assise pour faire une « cabbie », je n'ai rien compris (autant je suis calée en vocabulaire agricole et forain, mais pour ce qui est du langage des enfants…). Le pauvre gosse ne sachant plus quoi faire, c'est sa grand-mère qui est venue à la rescousse pour m'expliquer. Si j'avais su, j'aurais continué à faire la sourde oreille…Au début, j'ai trouvé ça assez mignon, ces petites cabanes de coussins (moi-même j'aurais adoré ça gamine). Mais après avoir rangé la 10ème cabbie en trois jours, ma patience est arrivée à sa limite.

Un midi, alors que j'épluchais une pomme après ma matinée de travail, j'ai entendu l'équipe des « cabbie addicts» se mettre à l'ouvrage dans la pièce à côté que je venais de ranger, et ça a été la goutte qui fait déborder le vase. J'ai surgi dans le salon des invités comme un diable hors de sa boîte, et leur ai servi une leçon de morale dans mon plus bel anglais :

« I hope you plan to tidy all this mess, because I won't do it this time ! You can do everything you want in your room, but not in the guest room. Understood ? »

Ils m'ont regardée médusés et j'ai tourné les talons.

Lorsque je suis revenue au bureau pas mécontente de mon coup, Gaspard m'a regardé d'un drôle d'air. « Ben dis donc, t'as du leur faire peur avec ça ! ». Dans ma main, bien brandi pointe en l'air, j'avais gardé sans m'en rendre compte le grand couteau de cuisine utilisé pour couper ma pomme.

L'effet ne s'est pas fait attendre : on a entendu les gamins se consulter fiévreusement pour savoir lequel allait ranger et quelques minutes plus tard, le salon des invités était comme neuf. Depuis ça, je ne sais pas pourquoi, à chaque fois qu'ils me voient arriver, les enfants s'enfuient en courant.

J'AI TESTÉ LE SWAG

Dirk Hartog Island, le 30 août

Ce mercredi, Tori nous a donné quartier libre pour la journée jusqu'à demain après-midi. Au programme : un tour complet de l'île avec bivouac à l'extrémité nord. Comme pour nous le camping est devenu d'une banalité absolue, nous avons décidé de pimenter un peu la chose en testant le fameux « swag », le sac de couchage australien qui fait aussi matelas et tente, spécialement conçu pour dormir à la belle étoile.

Mais au moment de déployer la bête au sol, sur un replas de sable à 100 m de l'océan, première déception : il n'y a pas d'arceau pour surélever la toile au niveau des pieds et de la tête, c'est juste une pochette zippée en toile épaisse. Enfin, ça nous protégera toujours du froid et la pluie, du moins on espère, vu les nuages noirs qui s'amoncellent à l'horizon. Ça sent un peu le moisi là-dedans mais qu'importe, ça va être marrant de dormir sous la voie lactée, à côté du feu et de l'Océan indien déchaîné.

Premier bilan une demi-heure après m'être glissée dans ma poche : c'est marrant certes, mais pour ce qui est de dormir...Avec les vagues de quatre mètres qui s'éclatent sans arrêt sur les rochers tout proches c'est aussi paisible qu'un bord de périphérique. Sans compter que le bruit des vagues m'angoisse (à chaque fois j'ai l'impression de revivre le débarquement de Normandie, alors que je n'y étais même pas) Et puis j'ai la drôle de sensation que des bestioles me grimpent dessus. A deux heures du mat', je suis encore en train de me tortiller dans mon swag lorsque ...ploc...ploc...! Le moment est venu de tester l'étanchéité de l'installation. Hop, je rabats la peau du swag par dessus ma tête et suis ravie de constater que non, finalement je ne me sens pas trop enfermée. Et pour cause, au bout de quelques minutes, je réalise que j'ai oublié de remonter la fermeture éclair dans mon dos. Résultat : tout le côté de mon matelas et de mon sac de couchage est trempé, ainsi que la moitié de mon oreiller. Un petit coup de vent par là-dessus et me voilà panée au sable ! Une joyeuse nuit s'annonce !

La pluie s'intensifiant, je commence à sentir les limites du swag. Alors devant l'hostilité des éléments, nous décidons de battre collectivement en retraite dans la cabane de pêcheur, que nous avions regardée de travers en arrivant (« pff, c'est pas vraiment du camping sauvage! »). A l'intérieur ce n'est pas du quatre étoiles : il n'y a que trois murs sur quatre et le toit en tôle n'est pas d'une étanchéité à toute épreuve (je reçois de temps à autre une goutte d'eau sur la joue) mais enfin, ce n'est rien en comparaison de ce qui nous aurait attendus dehors : le vent claque, la pluie tambourine à tout rompre et les vagues grondent de plus belle.

Avec ça plus le confort du plancher, il m'aurait fallu un coup de marteau pour que je m'endorme. Les cinq heures suivantes, j'ai donc navigué entre micro-sommeils et délires semi-conscients, m'inquiétant tantôt pour l'appareil photo que je croyais avoir laissé dehors sous la pluie, tantôt pour la voiture qui allait rester coincée ici au bout du monde, nous laissant sans assez d'eau et de nourriture. Je me suis aussi fait du souci pour le café/thé du matin qu'on n'allait jamais pouvoir faire chauffer avec tout ce bois mouillé. Dans mes interludes de sommeil, j'ai rêvé que je trouvais un dauphin sur la plage, et au fur et à mesure que je le regardais, il se transformait en raie pleine de nageoires.

Bref, quand le matin est (enfin) venu, j'étais loin d'être fraîche. Tout était gris et brumeux mais au moins aucun de mes funestes présages ne s'est réalisé : Gaspard a réussi à faire un feu, mon appareil photo était à l'intérieur (contrairement à mes chaussettes), et nous avons pu reprendre la route de l'homestead[1], humides mais grandis par l'épreuve.

[1] *Voir Glossaire du Bush, p. 334*

PURS-SANGS ET FANFRELUCHES

Kalgoorlie, le 25 septembre

Depuis le temps que Gaspard rêve d'aller à l'assaut de la pépite, nous voilà débarqués à Kalgoorlie. Kalgoorlie, c'est la capitale de l'or, une ville dont j'ai lu la description dans le Lonely Planet en ouvrant de grands yeux : on en parle comme d'une ville de l'Ouest sauvage, une ville minière, sans femmes, où les hommes partent travailler des semaines à la mine et reviennent les poches pleines, cassés en deux et les poumons à l'agonie. Il paraît que le soir dans certains pubs les serveuses, dénommées « skimpies », vont et viennent fort peu vêtues : une vraie ville du Far West !

En bons touristes, nous entreprenons la visite des galeries d'art de la ville, qui ne sont pas légion, le principal attrait de la ville étant davantage l'or que la culture. Depuis que nous sommes arrivés dans cette ville minière, que nous imaginions sinistre comme Broken Hill, nous marchons sur des nuages : la ville est colorée et sympa et les gens adorables. La dame de la galerie ne fait pas exception : nous engageons rapidement la conversation et tandis qu'elle nous indique quelques attraits culturels du coin, elle nous propose des entrées pour la course de chevaux qui se déroulera l'après-midi même à l'hippodrome de Kalgoorlie. Exultation ! Depuis le temps qu'on entend parler de cette institution australienne !

Elle nous a précisé qu'il fallait bien s'habiller. Aussi à l'heure dite, nous nous hâtons de troquer nos fripes de voyageurs contre nos plus beaux atours : une robe à rayures bleu-blanc-rouge achetée à Broome et mes escarpins bleus à 5€. Gaspard, quant à lui, choisit sa chemise la moins chiffonnée et son pantalon le moins sale. Nous nous changeons dans la voiture, face à l'hippodrome, comme de vrais contorsionnistes que nous sommes devenus. Auparavant, dans un regain de civilité, j'avais pris soin de me raser les jambes sur le parking de la mine d'or.

À peine entrés dans l'enceinte de l'événement, nous constatons que, malgré nos efforts de toilettes, comparés au reste des assistants, nous avons tout juste l'air de sortir du supermarché. Escarpins de 12, robes de soie, chapeaux à plumes, choucroutes, anglaises, micro-robes, fourreaux, bourrelets, roses à l'épaule, dos nus, décolletés, dentelles, paillettes, fond de teint, vert d'eau, rose, bleu pastel, noir, jaune, violet...nous ne savons plus si nous allons voir une répétition de l'Eurovision, une course de chevaux ou le carnaval de Rio.

En réalité, l'hippodrome n'est là que pour créer le décor et donner l'occasion d'aérer sa garde-robe : à part une poignée de connaisseurs, personne ne se soucie le moins du monde des chevaux ni des enjeux de la course. Les écuries, le corral de présentation et le hall de paris sont d'ailleurs déserts : tout se passe dans les allées et sur la pelouse. Les jeunes filles papotent et minaudent pour attirer l'attention des groupes d'hommes qui les observent sourire en coin, une bière à la main. Mieux que Meetic.

Ce feu d'artifice a réveillé le Martin Parr qui sommeille en nous : nous décidons de nous lancer dans un concours photo sur le thème de la tenue la plus spectaculaire. Pour cela, nous arpentons l'hippodrome, l'œil aux aguets, l'appareil discrètement prêt à l'usage, pour immortaliser ce spectacle que nous ne verrons pas deux fois. Vraiment, la dame de la galerie n'aurait pu nous faire un meilleur cadeau. Nous la croisons d'ailleurs sur la pelouse : adorable, elle nous présente à ses amis et nous nous sentons soudain moins seuls au milieu de ce grand rendez-vous social.

Nous aurions été en France, j'aurais terminé en disant que notre mise très simple a dû faire jaser dans les chaumières, mais nous sommes en Australie, le pays de la liberté vestimentaire et il n'y a que nous autres vilains français pour être si moqueurs...

LA FIÈVRE DE L'OR

Kalgoorlie, le 26 septembre

Notre initiation à l'univers de l'or a commencé en allant observer la mine de Kalgoorlie, une des plus grandes mines d'or à ciel ouvert, que l'on peut voir depuis l'espace, paraît-il.

Arrivés au « Super Pit lookout », l'effet est de taille : à première vue la mine ressemble à l'empreinte inversée d'un temple inca géant, ce qui est déjà très impressionnant. Puis, lorsqu'on réalise que les véhicules qu'on aperçoit minuscules dans le fond feraient passer un road train pour une voiture sans permis...

D'ailleurs un pneu posé à côté du point de vue donne tout de suite un aperçu de l'échelle : 1 m 50 de large, environ 5 m de diamètre...ça nous fait un camion haut comme un immeuble de quatre étages qui roule sur des rampes larges comme des autoroutes.

Une fois tout remis à la véritable échelle, car de là-haut tout paraît miniature, le vertige nous prend : c'est le néant qui s'ouvre à nos pieds, les antres de la terre. Un spectacle terrible et magnifique à la fois : ce cratère laisse apparaître sur 250 mètres toutes les strates de terre accumulées depuis des milliers d'années, du rouge brique au gris argile en passant par l'ocre, une violation de sépulture terrestre, une course pour remonter le temps.

La ruée vers l'or a transformé la région en vrai gruyère, car d'autres mines moins importantes se sont implantées un peu partout dans la région. Face à cette concurrence déloyale, notre chance de trouver une pépite est bien mince. Malgré tout, à force d'entendre des histoires, la fièvre de l'or a commencé à s'emparer de nous. Même autour de notre campement, on s'est mis à suspecter chaque caillou traînant par terre. Certes, on n'a qu'une chance sur un million pour qu'il s'agisse d'une pépite mais qui sait ? Il paraît qu'un jour quelqu'un qui marchait dans la brousse s'est cogné dans une pépite de 10 kg. Un autre en réparant son pneu crevé au bord de la route en a trouvé une grosse comme le poing. Alors qui sait ? Et c'est de là que naît la fièvre de l'or : du doute et de l'espoir. Et s'il y en avait juste autour de moi ? Et si aujourd'hui j'étais celui qui a de la veine ? Alors on ne peut plus s'arrêter de fureter. Et on se saisit avidement d'une crotte de kangourou desséchée en pensant tomber sur une pépite.

Un peu frustrés de passer à côté de belles trouvailles sans le savoir, nous avons failli acheter le détecteur de métaux à $50 de K-Mart. Finalement, on s'est dit que ça allait faire vraiment trop cheap. Déjà qu'au lieu d'une vraie carte de la région on utilise la photo d'une carte minière exposée en vitrine...

On a passé quasiment une après-midi entière à soulever des cailloux dans la zone d'une ancienne mine, enfin soi-disant, car la précision de notre carte photographiée ne nous a jamais permis d'attester que nous étions vraiment au bon endroit... Au bout de quelques heures, on s'est rendu compte que la fièvre de l'or, c'est un truc à devenir dingue, à oublier de manger et dormir. Alors on a préféré arrêter là avant d'être totalement possédés.

Du coup, on a décidé de quitter carrément la ville. Malgré cette précaution, on n'a été réellement libérés qu'après avoir laissé derrière nous la zone aurifère (il faut dire que même nos pauses pipi sur la bord de la route menaçaient de nous faire replonger).

EPILOGUE

Sydney, le 02 octobre

Kalgoorlie est notre dernière grande étape ; après cela, nous filons droit vers l'Est, direction Sydney. L'aventure est derrière nous, mais nous sommes contents de revenir à la civilisation. Gaspard, lui, n'a pas très envie de quitter son Pajo, ni les pistes à perte de vue de l'Outback...

RETOUR SUR TERRE
Paris, le 31 novembre

Je n'ai pas pleuré en quittant l'Australie, j'étais trop contente de prendre l'avion.

Mais le 09 novembre, lorsque j'ai entendu l'annonce du pilote : « Mesdames et messieurs, nous arrivons à Paris Charles de Gaulle. Il est 05h38, la température extérieure est de 3°... », dès que j'ai senti que l'on touchait le sol, j'ai pleuré. Je n'ai jamais aimé la fin des histoires.

Ensuite, on a été pris dans la ronde de l'aéroport. On a attendu nos bagages, puis notre didgeridoo coincé aux bagages « hors format », on a pris un taxi, et on s'est engouffrés dans les embouteillages.

Il faisait encore nuit et le ciel était de cette couleur indéfinissable qu'on devrait baptiser « ciel de Paris » : mauve sale. Fini le noir profond et les millions d'étoiles, fini Orion et la croix du Sud. J'ai regardé le paysage défiler par la fenêtre et tout était gris, même les mauvaises herbes sur le bord de l'autoroute. Les arbres m'ont paru minuscules et rabougris, toute la végétation avait l'air malade.

Arrivés en bas de chez nous, on s'est aperçu que la vie ici avait continué sans nous, imperturbable. On a eu l'impression de débarquer en plein milieu d'un film. Tout le monde avait l'air de connaître l'histoire (le froid, la pluie, les capuches fourrées, les bottes, les feuilles mortes), tout le monde sauf nous. C'est comme reprendre une série, dont on a loupé une saison.

L'appartement nous a paru immense et très encombré. On avait oublié qu'on avait tant de choses et cela nous a paru un lourd fardeau, même si cette fois on n'aurait pas à le porter sur notre dos. Dans l'appartement, la nouvelle moi a rencontré l'ancienne, celle de l'année dernière. Je l'ai senti en superposant les affaires qui ont voyagé et celles qui sont restées ici...on dirait qu'elles ne vont pas ensemble. Ranger ses affaires, c'est faire le deuil du voyage. C'est recomposer le puzzle qu'on a décomposé en partant. Tout rentre dans l'ordre, les culottes avec les culottes, les chaussettes avec les chaussettes, les tee-shirts avec les tee-shirts. Ensuite, c'est comme si rien n'avait existé.

Les phrases les plus simples, comme celles qu'on utilise pour demander du pain à la boulangerie m'ont eu l'air de sonner faux, c'était comme si je ne trouvais plus les bonnes formulations.

Au bout de quelques semaines, j'ai arrêté d'être surprise à chaque fois que j'entendais quelqu'un parler français dans la rue. Lorsque j'ai perdu l'habitude de dire « sorry » en bousculant quelqu'un, et de regarder d'abord à droite en traversant la rue, j'ai su que, dans ma tête aussi, j'étais rentrée.

BESTIAIRE

LE CACATOÈS BLANC

Le cacatoès est un des perroquets les plus courants en Australie, ou en tout cas dans le New South Wales. C'est un oiseau magnifique, d'un blanc immaculé avec la crête et le ventre jaune citron, mais qui s'avère être une véritable plaie. Ce n'est pas ma soeur qui dira le contraire, elle qui a failli se faire manger l'oreille par une de ces bestioles au Botanic Garden de Sydney parce que la noix de Macadamia n'arrivait pas assez vite. Sans oublier le cri atroce dont il gratifie les passants et dont j'ai déjà parlé plus haut...

LE CHAMEAU

Contrairement au kangourou, le chameau n'est pas un animal endémique. Vers les années 1860, lassés de voir leurs chevaux et mules mourir de chaleur et de soif dans le désert australien, les pionniers anglais constructeurs de ligne de chemin de fer ou de télégraphe, ont eu la lumineuse idée d'importer des chameaux afghans en Australie. Il faut croire qu'ils ont apprécié le climat car 150 ans plus tard, les braves bêtes sont toujours là à errer dans le centre du pays, à l'état sauvage ou avec des touristes sur le dos.

Pour ma part, c'était la première fois que je voyais un chameau de près. Une tête qui fait deux fois la mienne, des pieds du diamètre d'une assiette, si on ajoute à cela un sale caractère et une haleine atroce paraît-il (l'un d'eux a essayé d'approcher sa tête de moi mais je ne l'ai pas laissé me faire la démonstration), non vraiment le chameau n'est pas une bête pour moi.

Cependant, je leur pardonne tous leurs défauts car ils m'ont fait bien rire durant la course d'Alice Spring et du coup, j'en ai acheté un en peluche qui est adorable. Je l'ai appelé Chami, en toute simplicité, et il a trouvé sa place allongé au niveau du levier de vitesse de Paji-Pajo, rejoignant ses amis mouton, wombat et kangourou.

LE CROCODILE

Dans le nord de l'Australie, à part la chaleur étouffante, il y a des crocodiles. Oui ces survivants de l'époque des dinosaures sévissent même en ces lieux civilisés mais par bonheur, ils ne sont pas tous mangeurs d'homme. Le crocodile dit « freshwater », une petite bestiole de deux ou trois mètres de long maxi avec un nez pointu hérissé de petites dents acérées, peut aisément lacérer un mollet mais seulement si on vient lui marcher dessus.

Par contre le « saltwater », le crocodile d'estuaire, est un vrai monstre qui peut faire plus de 5 m de long, avec une gueule courte et large, assortie de dents à faire froid dans le dos. Le problème avec le « saltie », c'est qu'il est très territorial. Alors, si quelqu'un a le malheur de venir pêcher, se baigner ou camper sur son coin de rivière, il a de fortes chances de finir au fond de son estomac. Je ne plaisante pas, c'est arrivé des tas de fois en Australie.

Aussi, pour ma première et unique rencontre avec un spécimen de bien 4 m de long flottant à la surface de l'eau avec juste les yeux (cruels) et la crête dorsale (préhistorique) qui dépassaient, je n'ai pas fait ma fière. Surtout que j'étais sur un bateau à moins de deux mètres du monstre. J'étais encore moins fière lorsque la bête a disparu subitement sous l'eau...qui sait quel sale coup elle nous préparait... Par chance, il semble qu'elle n'était ni affamée, ni vexée. Les crocodiles sont de vrais feignasses, heureusement, et ne feront jamais un mouvement sans une bonne raison.

C'est ce que j'ai eu l'occasion de remarquer dans le Caravan park à crocodile où nous avons travaillé près de Darwin, en observant les freshies à l'heure du repas, du haut d'une plate-forme grillagée. La difficulté avec le crocodile, c'est d'abord de le repérer : vu qu'il ne bouge pas d'un poil, il a tout du tronc d'arbre sec ou du tas de feuilles mortes. Sa technique de chasse c'est donc d'attendre gueule ouverte, immobile comme une pierre, que la nourriture lui passe sous le nez. C'est sûrement de là que vient l'expression « il faut se méfier de l'eau qui dort », car en clin d'œil le tronc mort se transforme en bulldozer et on n'a même pas le temps de voir l'appât disparaître. Une fois que la proie avalée, la bête se pétrifie de nouveau pour la semaine.

Pour ce qui est des larmes de crocodile, je n'ai pas encore eu l'occasion d'observer le phénomène.

LE DINGO

Aucun rapport avec le compagnon de Mickey. Le dingo est un chien sauvage qui sévit dans toute l'Australie et qui serait soi-disant un descendant de chien chinois... C'est une petite bête jaune claire qui ressemble vraiment à un chien mais en plus dangereux puisqu'elle tue le bétail. Pour éviter une trop grande propagation de l'animal sur le territoire, les australiens ont construit une barrière de plusieurs milliers de kilomètres de long appelée « Dingo fence » (notons au passage l'optimisme d'un telle entreprise quand on sait le gruyère qu'est devenue la fameuse rabbit-proof fence[1])

Notre première rencontre avec l'animal s'est déroulée au petit matin, lors d'un camping sauvage. Nous avons entendu un hurlement bizarre et très proche. Il ne s'est pas montré mais on était sûr de ne pas se tromper : les dingos n'aboient pas, ils hurlent comme les loups.

Plus tard, nous en avons aperçu un en plein journée qui s'apprêtait à courser un troupeau de chevaux sauvages (ils ne doutent de rien ceux-là!). Et enfin, un soir alors que Gaspard ouvrait sa portière pour se brosser les dents (méthode de flemmard quand on est déjà couché), il est tombé nez-à-nez avec l'un d'eux qui se promenait autour de la voiture.

Vu comme ça, ils n'ont pas l'air bien méchant mais il y a eu une histoire comme quoi un dingo aurait enlevé et tué un

---

[1] *Voir Glossaire du Bush, p. 335*

bébé il y a des années, alors pour ne pas qu'ils deviennent agressifs, c'est marqué partout à l'intention des touristes de ne pas les nourrir (car les touristes ont toujours peur que les animaux sauvages meurent de faim).

L'EMEU

L'émeu est une sorte d'autruche locale. A l'instar du kangourou, c'est en pleine action que l'émeu prend toute sa dimension, mais d'une façon plus burlesque. Dans sa course pataude, un émeu avec son fessier lourd de plumes ressemble à une grosse serpillère qui se tortille. Un spectacle dont je ne me lasse pas. Cependant, il ne faut pas trop se moquer de l'émeu car il figure avec le kangourou sur l'emblème de l'Australie. Et puis, s'il n'est pas content il peut très bien asséner un coup de bec sur la tête de quelqu'un, et ça doit faire plutôt mal.

LES FOURMIS

En Australie, il y a une espèce plus nuisible que le lapin, plus envahissante que le kangourou, plus répugnante que le serpent : c'est la fourmi. J'ai un peu honte de l'avouer mais c'est la créature qui m'a le plus traumatisée pendant ce voyage. J'ai bien fait quelques cauchemars où des crocodiles me poursuivaient (attirés par mes chaussures rouges) (le monde des rêves est plein de mystères), ou crié devant des araignées grosses comme le poing, mais il n'y a que la fourmi qui a réussi à me pourrir le quotidien et à m'inspirer de tels frissons d'horreur.

Les fourmis instaurent la terreur de plusieurs manières. Il y a d'abord leur nombre : il suffit d'une miette de pain, d'un grain de sucre pour qu'elles débarquent en quantité infinie, forment des colonnes noires qui se terminent en tas noirs grouillant. Et puis, elles sont tellement petites et voraces qu'il n'y a pas un endroit qui leur échappe. Le jour où elles ont trouvé l'entrée du paquet de céréales, au lodge, ça a été la fin. Horreur suprême que de plonger la main dans son bol le matin et d'en voir s'échapper une dizaine de fourmis. Elles investissent les paquets de gâteau, et même, j'en frissonne encore…même l'eau de la bouilloire. Je n'oublierai jamais le premier matin où, après l'avoir allumée pour me faire un thé, j'ai senti cette odeur bizarre, reconnaissable entre toutes. J'ai ouvert le couvercle et j'ai vu les dizaines de fourmis bouillies flottant dans l'eau.

Cette odeur, c'est leur ultime arme fatale. Il suffit d'en écraser une pour qu'elle dégage cette effluve insupportable, acide et douceâtre. Mon odorat très sensible a immédiatement pris en grippe cette odeur, pour mon plus grand malheur, car dans ma rage de les voir toujours revenir, je me suis livrée parfois à des massacres en règle, en apnée autant que possible, qui me soulageaient pendant quelques heures et me laissaient un sentiment de dégoût profond.

Mon pire souvenir de fourmi, je crois : nous campions à Darwin, et j'étais dans un état de déprime assez avancé, lorsqu'en marchant dans l'herbe autour du campement, j'ai senti l'odeur honnie de fourmi écrasée. En baissant les yeux, j'ai vu que le sol grouillait de ces petites choses : c'était inévitable, à chaque pas, nous en écrasions. Avec la nuit, c'est devenu carrément le cauchemar. Je les sentais se promener sur mes pieds, j'avais l'impression qu'elles me remontaient le long des jambes. Je suis restée toute la soirée clouée dans mon siège : bouger pour risquer de déclencher l'Odeur était au-dessus de mes forces.

Si les fourmis devaient m'inspirer une œuvre ce ne serait pas un livre de science-fiction, mais bien un film d'horreur, et « Les oiseaux » d'Hitchcock à côté, ce serait de la gnognotte.

LE GOANA

Le goana est un reptile à mi-chemin entre le serpent et le lézard, mais en bien plus gros. Celui que nous avons vu à Pittwatter, à côté de notre auberge de jeunesse faisait déjà plus d'un mètre de long et c'était apparemment un petit modèle. Il n'est pas dangereux, mais pas très ragoutant non plus avec sa peau sèche et flasque, ses grosses pattes griffues et sa langue fourchue. Il prend toute son ampleur lorsqu'il se dresse avec sa grande tête et vous regarde droit dans les yeux avec l'air de vous prendre de haut. Cette apparence un peu austère cache cependant un certain potentiel comique quand il coure avec ses pattes écartées et son ventre qui traîne à moitié par terre.

En cas de danger, le goana a le réflexe de se réfugier dans le premier arbre venu. À noter que l'animal, qui est un peu biglouche, a tendance à confondre les humains et les troncs d'arbre, aussi, face à un goana en panique, il est plus sage de lever un pied pour limiter la confusion, et éviter de se retrouver avec la bestiole dans les bras.

L'HUNTSMAN

L'huntsman est une araignée tellement grosse qu'on se demande si c'est bien possible. Elle a un corps pas trop dodu mais des grandes et grosses pattes rayées noir et jaune qui donnent des frissons dans le dos...la première fois que j'en ai vu une se promener sur la moustiquaire de notre cottage à la ferme des lamas, j'ai frôlé l'arrêt cardiaque.

Après élimination de la bête et vérification auprès de notre manager, il s'est avéré que c'était une araignée pacifique, totalement inoffensive.

NB : En Australie, on apprend très vite à ne pas être trop exigeant niveau araignée. Le simple fait d'être non mortelle suffit à en faire un compagnon acceptable, qu'importe la taille.

L'IBIS

L'ibis est un genre de héron dodu et peu élancé, et au bec surdimensionné.

Avec ce nom qui évoque les rives du Nil au temps des Pharaons, l'ibis est le triste exemple des méfaits de la civilisation sur le règne animal. Les ibis sont devenus ni plus ni moins les pigeons d'Australie : ils errent dans les parcs à la recherche de reliefs de pique-nique. Du coup, je ne les aime pas tellement plus que les pigeons, surtout depuis que l'un d'eux a essayé de me barboter mon muffin à la banane avec son grand bec crochu pendant que je photographiais ses petits camarades. Non mais !

LE KANGOUROU

On va en Australie presque uniquement pour ça, on compte les jours avant de voir son premier en liberté, on désespère qu'il n'apparaisse pas à peine passé les derniers vestiges de civilisation, on le guette pendant des heures parmi les herbes rases de l'outback, puis, au bout de quelques mois dans le bush à en croiser à tous les coins de buissons, on y prête à peine plus d'attention qu'un lapin gambadant sur un rond-point, et c'est à peine si on s'émeut encore de le voir écrasé sur le bord de la route...

A l'instar des écureuils, il existe deux espèces de kangourou : les gris et les roux. Si le kangourou n'est globalement pas très beau à voir, il faut bien l'avouer, ces derniers sont les moins gâtés par la nature. Ils ont des oreilles énormes, une tête de chien croisé avec un cheval et des tâches de vitiligo sur la peau. Ce sont par ailleurs les plus grands et les plus rares : le mâle peut atteindre 1m80. Vraiment impressionnant. Les gris, quant à eux, sont plus mignons et mieux proportionnés.

Ce qu'il y a de génial dans le kangourou (mis à part sa queue qui est un délice apparemment), c'est de le voir sauter. Autant à l'arrêt, il semble dégingandé et mal proportionné (pattes avant rabougries et pattes arrières bien trop longues, à se demander comment il ne s'emmêle pas avec), autant en pleine action, il devient harmonieux et même très beau. Un kangourou qui court est un spectacle toujours trop fugitif.

Le kangourou a ceci de particulier que lorsqu'il se déplace sur des graviers ou des cailloux, on croirait vraiment entendre un homme marcher. Nous aurions d'ailleurs été contents de le savoir quand, lors d'un de nos premiers campements dans le bush, nous avons entendu en plein milieu de la nuit des pas humains qui rodaient aux alentours. Nous avons été surpris une autre nuit au lodge où, en ouvrant la fenêtre pour voir qui pouvait venir nous rendre visite en pleine nuit, nous sommes tombés nez-à-nez avec un kangourou gris qui faisait sa petite promenade nocturne.

Bien qu'il semble être comme nous et qu'il ne soit pas spécialement farouche, il faut toutefois résister à la tentation de s'approcher de lui pour lui serrer la pince. Le kangourou peut faire des sauts remarquables et sortir des enfants de sa pochette surprise mais il ne dispose pas de marche arrière…Acculé sans la possibilité de faire demi-tour, il ne lui restera plus qu'à balancer un coup de tatane à l'imp(r)udent, qui s'en sortira soit k-o, soit carrément éviscéré, car l'animal possède sur sa patte arrière un ongle bien aiguisé… A approcher uniquement sous forme de peluche donc (de toute façon le pelage du kangourou est affreusement rêche).

LE KOALA

J'ai un peu triché pour le koala, car je n'en ai jamais vus en liberté. Mais comme il est rare d'en voir autrement que dans les zoo, tant pis. Et puis, ils sont tellement comiques qu'il serait dommage de s'en priver. Le koala est vraiment une bête étrange. On ne peut pas dire jolie, vu son gros nez carré et ses oreilles poilues. Ni mignon car il a toujours l'air renfrogné. Par contre, il est très drôle à voir avec ses postures invraisemblables, ses yeux vides, ses doigts bizarres (c'est comme s'il avait deux pouces et deux doigts normaux), ses gestes au ralenti et sa façon de mâchonner des feuilles d'eucalyptus comme un papy édenté. Apparemment, le koala est le seul animal dont le cerveau ne remplit pas la boîte crânienne et en l'observant quelque temps, on n'en est pas vraiment surpris. Autre particularité charmante, le koala ne boit jamais. Il n'absorbe que l'eau contenue dans les feuilles d'eucalyptus qu'il mange (à raison de quelques feuilles par jour, c'est assez limité comme hydratation…) Sa petite astuce ? Recycler en permanence cette maigre récolte jusqu'à obtenir un liquide ultra-concentré. Conclusion : ne jamais se trouver sous un koala lorsqu'il fait pipi !

LE LÉZARD POMME DE PIN (OU SCINQUE À LANGUE BLEUE)

A première vue on croirait une pomme de pin toute en longueur ou une crotte écaillée. Puis, quand on voit la chose bouger toute seule, on réalise que c'est vivant, on cherche la tête, et là, problème : la bête est parfaitement symétrique. C'est un lézard qui a une « tête » en forme de queue et vice versa. Il paraît que c'est pour tromper l'ennemi, et c'est très fort comme technique parce que déjà il faut deviner que ça se mange, et ensuite l'attaquant a une chance sur deux de se tromper de côté. S'il attrape la queue en forme de tête, il repartira bredouille, car celle-ci lui restera entre les dents.

Pour ne rien gâcher, notre pomme de pin a une botte secrète : une langue bleue, qu'elle ne manque pas d'arborer en cas d'attaque inopinée, avec gueule ouverte et souffle de colère. Du grand spectacle.

LE PLATYPUS

Cet animal est génial, ni plus ni moins. Déjà, il a un nom qui donne envie de le connaître. Ensuite à voir c'est une vraie curiosité : je l'ai observé ravauder dans son bassin à l'aquarium de Sydney pendant près d'une demi-heure et je ne me suis pas ennuyée une minute. Avec son bec mou, ses petites pattes palmées, sa fourrure waterproof et sa queue de castor, c'est à se demander d'où il sort. Il paraît que lorsque des explorateurs l'ont ramené empaillé en Europe en 1798 tout le monde a cru au canular. Car en plus d'être un assemblage visuel de trois ou quatre animaux, c'est un mammifère avec un bec, qui pond des oeufs et vit en partie sous l'eau...plutôt troublant !

LE POSSUM

On m'avait parlé de ses yeux ronds qui brillent dans la nuit, mais ce n'est qu'au bout de cinq mois qu'il m'est enfin apparu sur les pelouses de Hyde Park, à Sydney. Un chat-écureuil (le mélange peut sembler étrange...) dont les australiens ne raffolent pas particulièrement, car à l'instar de son lointain cousin l'écureuil londonien ou new-yorkais, il a tendance à être légèrement envahissant, et n'hésite pas à croquer un doigt à l'occasion.

LE RED BELLY BLACK SNAKE

Le Red belly black snake est un serpent magnifique. Comme son nom l'indique, il est noir avec un ventre rouge : des couleurs pareilles sur un animal je pensais que ça n'existait que dans les dessins animés.

Nous l'avons découvert tout à fait par hasard, un matin, à deux pas de notre campement au bord d'un lac salé. Nous l'avons d'abord pris pour le bouchon de pêche de Gaspard qui partait à la dérive. Quand on voit un truc rond qui bouge à la surface de l'eau on ne pense pas tout de suite à un serpent qui nage... Lorsqu'il a accosté sur la rive, déballant son petit mètre de long et ses deux-trois centimètres de diamètre, on en a eu le cœur net. Pas le temps de nous affoler ou de le prendre en photo : il a tracé sa route sur l'herbe et est retourné dans son arbre, celui à côté de la tente.

Nous avons appris par la suite que cette charmante bestiole était un serpent mortel. On aurait dû s'en douter avec des couleurs pareilles.

LE SCORPION

Pour parfaire la liste des bêtes adorables qui ponctuent notre route, voici le scorpion. Depuis le temps que je voyais ces entrées de terriers en forme de croissant tout autour de notre maison au lodge, sans en apercevoir un seul, je commençais à me demander s'ils n'étaient pas désaffectés.

Eh bien pas tous. La preuve, un matin Gaspard en a trouvé un petit qui roupillait sur le gravier à deux pas de notre porte. Ils ne sortent que la nuit, c'est pour ça qu'on ne les voit jamais, et qu'il ne faut pas marcher pieds nus à l'aveuglette. Quand je pense que deux jours avant j'avais laissé mes chaussures dehors à ce même endroit...

LE WALLABI

Le wallabi est une sorte de kangourou ratatiné qui, du coup, a l'air un peu obèse. Vu que c'est le premier autochtone que nous avons croisé en Australie, à peine deux semaines après notre arrivée, nous avons trouvé que c'était la huitième merveille du monde, forcément. Cependant, ces petites bestioles ont tendance à abuser de leur côté mini-kangourou à croquer (car c'est bien connu, ce qui est petit est gentil) pour s'approcher de leurs proies l'air de rien et essayer d'arracher d'un coup de patte le petit déjeuner des gens sur la terrasse.

GLOSSAIRE DU BUSH
(POUR PARLER COMME LES VRAIS ET BRILLER DANS LES DÎNERS)

BACKPACKER

Terme qui définit à la fois le porteur d'un sac à dos (backpack) et l'endroit où celui-ci pose son sac à dos.

En gros, c'est une façon imagée de désigner une auberge de jeunesse, ou un voyageur aventurier et itinérant. De façon plus générale, les détenteurs du visa Working Holiday sont des backpackers.

BUSH

Désigne à la fois les buissons qu'on trouve un peu partout dans les étendues désertiques du centre de l'Australie, et par extension tout endroit en dehors des villes et zones côtières.

BUSHCAMPER

4x4 équipé pour des expéditions de plusieurs jours, avec toit pop-up, cuisine et rangements intégrés

CARAVAN PARK

Camping pour caravane

CATTLE STATION

Ferme d'élevage de bétail, traditionnellement accueillant aussi des chevaux (et son lot de cowboys forcément)

FLYING DOCTORS
Institution privée qui médicalise via de petits avions les zones les plus reculées d'Australie.

GRID
Grille faite de barres de métal suffisamment espacées pour ne pas laisser passer un sabot de vache, disposée au sol sur les pistes pour prolonger une clôture. Méthode infaillible pour empêcher le bétail de sortir d'un enclos en empruntant la piste, et bénie par les automobilistes qui n'ont ainsi pas besoin de s'arrêter tous les deux kilomètres pour ouvrir et fermer une barrière.

HIGHWAY
Route principale, ce qui s'avère souvent être la seule route carrossable.

HOMESTEAD
Maison où logent les propriétaires ou les gérants d'une exploitation.

OUTBACK
Désigne le centre de l'Autralie, et va au delà du bush, qui reste relativement civilisé. L'outback c'est l'Australie profonde là où on parle avec la bouche presque fermée et

où on doit appeler les Flying Doctors quand on s'est fait mordre par un serpent dangereux.

PAIN DAMPER

Pain fabriqué en utilisant souvent de la bière comme ferment, et cuit dans des marmites en fonte posées sur un lit de braise et recouvertes de braise sur le couvercle.

RABBIT-PROOF FENCE

Barrière de plus de 3000km, construite au début du siècle pour empêcher les lapins d'envahir l'Est de l'Australie. Cela ressemble à un canular mais c'est authentique.

RED CENTER (CENTRE ROUGE)

Région centrale de l'Australie, située autour d'Alice Spring et de Uluru, caractérisée par sa terre particulièrement rouge.

ROADHOUSE

Petite cahute de bord de route servant à accueillir les routiers et voyageurs. Il s'agit la plupart du temps d'un restaurant accompagné, dans les zones isolées, d'une supérette.

TOP END

Partie la plus au Nord de l'Australie, c'est-à-dire toute la région autour de Darwin

VISITOR CENTER

Genre d'office du tourisme, mais qui tend à devenir un mini-musée local en accès libre, sans aucun personnel.

WOOFING

Willing Workers On Organic Farms. Réseau de fermes à échelle nationale proposant à des voyageurs de venir travailler entre 4 et 6 heures par jour en échange du gîte et du couvert. Bien entendu, le terme ferme est à voir au sens large, ainsi que le côté bio. Disons qu'il s'agit d'exploitants qui préfèrent employer des backpackers pour désherber plutôt que des produits chimiques.

MERCI

à Gaspard, mon compagnon de baroude (et bien plus) sans qui ce livre n'existerait pas, qui m'a entraînée dans des chemins improbables, parfois cahotiques mais toujours inoubliables, et m'a donné le goût de l'aventure pure et dure.

à Sylvie, ma fidèle compagne d'expéditions parisiennes qui a suivi depuis le début le long chemin jusqu'à ce livre, qui m'a lu et relu en me livrant de précieux conseils, même si je ne les ai pas tous suivis (désolée Sylvie, mais je n'étais pas prête pour ce titre, pourtant vendeur je te l'accorde, «Voyeurisme en Australie»)

à ma soeur Amélie, qui avec sa plume irrésistible m'a donné le goût du récit piquant et qui, avec son regard impitoyable de prof de français a chassé toutes les fautes d'orthographe de ce récit (enfin j'espère)

à ma soeur Jule, qui a parcouru les océans pour venir nous rejoindre et partager un bout d'aventure mémorable avec nous. Et aussi pour ce coup de livre qu'elle m'a asséné sur la tête alors que je sortais de la maternité et qui m'a, semble-t-il, donné le goût de l'écriture…

à mes parents, fans de la première heure, dont l'inconditionnel soutien m'a donné des ailes.

à Jacques et Catherine, qui ont été nos deuxième parents en Australie, qui nous ont fait confiance et permis de vivre une expérience inoubliable.

TABLE DES MATIÈRES

Avant-propos..9

Le grand départ..11
Premières découvertes..33
Alpaca Farmers...95
Vivre dans l'Outback...129
Road trip dans le New South Wales............................179
La grande aventure..217
Escale dans le Centre Rouge.......................................245
À la conquête de l'Ouest...269

Bestiaire...307
Glossaire du bush...331

Merci...339